四川大学老子研究院重大项目成果
国家社会科学基金重大项目阶段性成果
四川大学道教与宗教文化研究所重大项目成果
教育部哲学社会科学重大攻关课题阶段性成果

半年刊 二〇一八年第一期

第十一辑

老子学刊

尊道贵德
关怀生命
文化养生
和谐修真

詹石窗◎主编

巴蜀书社

图书在版编目（CIP）数据

老子学刊. 第十一辑/詹石窗主编. —成都：巴蜀书社，2018.6

ISBN 978-7-5531-0999-2

Ⅰ.①老… Ⅱ.①詹… Ⅲ.①道家—研究—丛刊 Ⅳ.①B223.05—55

中国版本图书馆 CIP 数据核字（2018）第 123651 号

老子学刊（第十一辑） 詹石窗 主编

策划组稿 施 维
责任编辑 肖 静
出 版 巴蜀书社
成都市槐树街 2 号 邮编 610031
总编室电话：(028)86259397
网 址 www.bsbook.com
发 行 巴蜀书社
发行科电话：(028)86259422 86259423
经 销 新华书店
照 排 四川胜翔数码印务设计有限公司
印 刷 成都蜀通印务有限责任公司
版 次 2018 年 6 月第 1 版
印 次 2018 年 6 月第 1 次印刷
成品尺寸 185mm×260mm
印 张 8.75
字 数 200 千
书 号 ISBN 978-7-5531-0999-2
定 价 58.00 元

目　录

老子专题研究

身国共治
　——《道德经》第十章解读 …………………………………………… 詹石窗（ 3 ）
有和无的哲学意蕴：以老庄为基础 …………………………………… 卢　涵（17）
释读《老子》第二章的新视角
　——兼释第三十八、五十章 ………………………………………… 鲁亚曦（30）

道学研究

直指禅髓认前茅
　——袁中道对《庄子·内篇》的佛学解读 ……………………… 韩焕忠（47）
现存碑铭中的洛阳下清宫 ……………………………………………… 赵　芃（54）
林希逸《老子鬳斋口义》的思想特点及其历史影响 ……………… 胡瀚霆（62）
论道教对武侠文化发展的渗透 …………………………… 冉顶平　孔含鑫（74）
《悟真篇》的早期流传………………………………………………… 何　欣（82）
《内业》篇“老不长虑”新释…………………………………………… 陈锦平（89）

“百年道家与道教研究著作提要”专栏

老、庄思想与天师道研究著作提要五篇 ……………………………… 范靖宜（103）
道教宗派研究著作提要三篇 …………………………………………… 褚国锋（111）

书评

观象感通、寓易于诗
——《周易纵横感应诗》序 …………………………………………… 陈德述（119）
老学与传播学碰撞的饕餮盛宴
——读《大道上的老子：〈道德经〉与大众传播学》有感……………… 徐　莹（122）
集百年道学之精华，成文化传承之伟业
——《百年道学精华集成》述评 …………………………………… 范佩佩（127）

《老子学刊》稿约 ……………………………………………………………（130）

老子學刊

老子专题研究

身国共治

——《道德经》第十章解读*

詹石窗**

内容提要：“身国共治”是道家文化一个非常重要的命题。这个命题在《道德经》第十章里得到了充分贯彻。遵循《易经》所建立的“观物取象”之思维法度，《道德经》第十章把人体生命与国家社会紧密联系起来，精辟论述了治身理国的思想原则。在老子思想体系中，“理身”与“治国”两者不可分离。一方面，他从理身出发，延伸于治国道路的告示；另一方面，他又提出了“爱民治国”的社会目标，由此回归于圣人的精神境界，完整地表达了道家“身国共治”的政治哲学与技术操作向度。老子指出，治国理政者应该领悟深远的“玄德”精神旨趣。大道混沌，周行不殆，生化万物，从不居功。因此，“玄德”既是道家所倡导的社会伦理，更是一种自然伦理；既是圣人自我修养的思想境界，更是一种“天人合一”的宏观管理原则。

关键词：抱一　爱民治国　玄德

在宋常星《道德经讲义》中，第十章的名称叫作“玄德”，而河上公《道德真经章句》本则用“能为”。很显然，宋常星是直接取用《道德经》第十章最后两字为名，而河上公则是根据本章论说的侧重点提出来的。

如何理解“能为”呢？简单讲，“能为”就是可以有所作为，也能够有所作为。这样看来，河上公是不是与老子“无为”基本主张相矛盾呢？当然不是。因为老子讲“无为”并不是要人们无所作为，更不是“不为”。而是在认识大道法则前提下的“作为”，这就叫作“道常无为而无不为”。既然是“无不为”，当然也就承认人类个体或者整体都应该有所作为。河

* 本文系国家社科基金重大招标项目“百年道家与道教研究著作提要集成”阶段性成果，项目批准号：14ZDB118。

** 詹石窗，1954年生，哲学博士，现为四川大学道教与宗教文化研究所教授、四川大学老子研究院院长。

上公用“能为”作为章名，正是从这个前提出发的。

为什么“能为”呢？具体又应该怎样作为呢？从社会立场看，为者无非是个人与集体、宗族与国家。依照以大括小的原则，“国家”实际上涵盖了“集体”与“宗族”。所以，“为”的主体就是个人与国家，而“为”的目的就是要实现个体与国家的完善，办法就是“调理”，也就是治理，包括自我治理与国家治理。在道家看来，个体自我治理与国家治理，两者是无法分开的，所以就形成了“身国共治”的方向和法门。老子《道德经》第十章正是围绕这样的主题展开论述的。根据何在呢？你看，老子一开始就讲“载营魄抱一”，从人的身心情况出发来进行论述，而行文中间则有“爱民治国”的问答，既讲人的修养，又讲国家治理。这就是本文为什么以“身国共治”为题的理由。为了更好地理解老子“身国共治”的思想，我们将以中国古代文化为大背景，从三个方面来讨论《道德经》第十章。

一、身国比观

所谓“身国比观”是什么意思呢？简单讲，就是把身体看作国家，反过来则把国家看作身体，两者相互模拟，甚至等量齐观，这就叫作“比观”。

为了理解老子《道德经》深层次的思想理趣，我们先来看看汉代以来道家学派在身国方面的一些论述。

西汉“老学”名家严遵《老子指归》一书在阐释《道德经》“含德之厚，比于赤子”的时候说：

> 是故建身为国，诚以赤子为容。则是天下尊道贵德。①

严遵所谓“建身”的“建”是什么意思呢？就是“设置”的意思。读到这里，人们也许会问：身既然是存在的，为什么要“建”呢？其实，这个“建”本具有假设形象作为譬喻的意蕴。故而，“建身”就是假设身形，用来比喻国家治理，也就是所谓的“理国”。下文所说“以赤子为容”表述得非常清晰，这就是以“赤子”身形禀性作为形容。关于这一点，严遵在阐述老子“以身观身”一段时又说：

> 人主者，天下之腹心也。天下者，人主之身形也。故天下者，与人主俱利、俱病、俱邪、俱正。主民俱全，天下俱然。家国相保，人主相连。苟能得已，天下自然。故可

---

① （汉）严遵：《道德真经指归》卷十，《道藏》第12册，文物出版社、上海书店、天津古籍出版社1998年版（以下注略），第366页。

以知我者，无所不知，可以治我者，无所不治。①

这是以人体的结构形态来比拟天下国家君民关系。在严遵看来，君主居于天下的腹心地位，而天下则是君主身形的延伸。把天下看作身形，可以真正施爱心于天下。严遵所强调的是社会的凝聚有序。在古代社会中，这当然是有利于君主统治的，从近现代制度变革的角度看，这自然有不合时宜的地方；但如果从一般社会安定的意义上看，其中的和谐有序观念又是具有合理性的。

严遵之后，著名的道教学者，葛洪在《抱朴子内篇·地真》中也兴致勃勃地“以身喻国”。他说：

一人之身，一国之象也……神犹君也，血犹臣也，气犹民也。故知治身，则能治国也。夫爱其民所以安其国，养其气所以全其身。民散则国亡，气竭则身死。②

按照葛洪的看法，人体简直就成了国家机器。他根据道家的“三分法”，把人之所以为人的要素概括成三个方面，这就是“神”“血”“气”，又将它们分别作了比喻。在人体的“国度”中，君臣民都具备。就“治身”来说，养气乃是培原之本，由此推及“治国”就应该爱民。这反映了“民本”的思想。葛洪这种“比观”的法式与严遵的思路一脉相承，代表了道教在身国关系上的基本立场。

“以身喻国”或“以国喻身”，作为“比观”的两个方面，是中华民族“观物取象”传统思维方式的体现。《周易·系辞传》说：

古者包牺氏之王天下也，仰则观象于天，俯则观法于地，观鸟兽之文，与地之宜，近取诸身，远取诸物，于是始作八卦，以通神明之德，以类万物之情。

这里的“包牺氏”就是伏羲氏，大概生活于迄今八千年以前。为什么称作“包牺氏”呢？“包”乃是“庖”的通假字，“庖丁解牛”的“庖”，指的是“庖厨”，下厨房做饭的。由此可见，“伏羲氏”本来就是个厨师，他能做一手好菜。在远古时期，能做出一手好菜，这可是了不得的事情。所以，他能够受到天下百姓的拥戴而为“王”。这个“王”字作动词时读作“旺”，所谓“王天下”就是使天下兴旺起来。道理在哪里？就是遵循做菜的思路，用做菜的方法来管理天下。

当然，伏羲氏能够成为天下的“王”，不仅仅是有做菜的本领，他还有绝活，这就是观

---

① （汉）严遵：《道德真经指归》卷九，《道藏》第12册，第365页。

② 王明：《抱朴子内篇校释》，北京：中华书局1985年版，第326页。

天察地而画八卦。

相传伏羲因“仰观俯察”而作八卦，后来有周文王将八卦推演成六十四卦，组合成为颇具中国特色的符号代码系统。《易》之卦象，作为抽象的符号体系，具有广阔的指代功能。先民眼界所及，几乎所有事物都可以在《易经》找到相应的代码符号。运用卦象来指代具体事物，这实际上就是一种“象征比观”思维。它在先民的生活中广泛地应用着。作为“史官”出身的道家学者，由于熟悉《易经》文化，继承和发展这种思维方式，这是顺理成章的。翻开《道德经》一类道家经典，那种取象作譬的气息即扑面而来。诸如“玄牝”“婴儿”“江海”等意象都具有“卦象”式的代码功能。因此，我们也应从“易学”象征文化的深厚土壤中寻找根源。

当然，“身国互喻”并非只是一个简单的思维现象，我们之所以从根源上来阐释它，是因为通过这样的“寻根”可以更确切地弄清这种思维法式在数千年政治生活中的应有功能。研究易学可以发现，卦象不是孤立的存在，每一具体的卦都是在与它卦的链条式联系中体现出效用来。这就是说，在易学体系中，“个别”是离不开整体的，每一具体的卦都从某个角度传递着《易经》卦象网络的“全息”。出于这种思维模式的“身国互喻”也是如此。不论从“治身”的角度或从“治国”的角度看，“身国比观”的思想指向都是整体性的。一方面，就“治身”而言，将“身”看作一个国家，就可以更好地注意到诸器官的协调。百官有序，脏腑通气。本来，处于“微小”状态的身体因被作为“国家”而得到“放大”。于是，“治身”也就有了明朗的操作性。另一方面，就“治国”而言，既然“国”已经与“身”等量齐观，那就完全可以依据《周易参同契》所描述的那种“循卦炼功”法度，把国家内部关系的调理当作一个“内丹修炼”的过程，“治国”即是“炼丹”，治国的火候操持因有卦象的符号表征，具有“量”与“度”的显示，可以获得比较准确的把握。而更为重要的是，这种“身国比观”，搭起一座“宏观”与“微观”之间的桥梁，治身治国的过程不仅表现为“可持续性”，同时也表现为“可控制性”，是持续与控制的对立统一。因为“炼丹”即是一个持续过程，也是一个自我控制过程。只注意持续的发展而失去控制，“金丹”也就成为泡影；同理，治国中的各种工作当然既要有可持续性，又要有可控制性，如果单纯地强调可持续性，而忽略了可控制性，其结果只能是事与愿违。当然，道家所具有的控制观念并非是一种机智浮华的人为操作，而是一个顺天道的自然历史过程。

二、“身国共治”的“六能”法度

了解了“身国共治”的文化背景之后，我们接下来就可以进一步探讨老子《道德经》第十章是怎样贯彻这种思路的。

这里首先要解释一下什么是“六能”。简单讲，这就是理身与治国的六种技能，或者叫作六种方法。哪六种呢？也就是第十章开头提出的六个问题：

载营魄抱一，
能无离乎？
专气致柔，
能婴儿乎？
涤除玄览，
能无疵乎？
爱民治国，
能无为乎？
天门开阖，
能为雌乎？
明白四达，
能无知乎？[①]

这六个问题，前三个侧重于理身，后三个侧重于治国。

老子从身心治理入手，先讲身心存在的状态，再讲身心的调理法门。第一句“载营魄抱一”是一个状态描述。什么是“营魄”呢？就是魂魄。道家认为，人体中有“三魂七魄”。所谓“三魂”指的是胎光、爽灵、幽精，有人称之为天魂、地魂、人魂；也有人称之为“主魂、觉魂、生魂”或“元神、阳神、阴神”等。所谓“七魄”，指的是“尸狗、伏矢、雀阴、吞贼、非毒、除秽、臭肺”，对应于“喜、怒、哀、惧、爱、恶、欲”这七种情绪，它们必须依附于物质形体才能存在，所以人身去世，七魄也就消失了；反过来说，如果体内的魂魄都走散，生命也就结束了。

在中国古代，道家的魂魄学说有较大影响。例如，佛教密宗就对道家的魂魄学说进行发挥，提出了“天冲魄、灵慧魄、气魄、力魄、中枢魄、精魄”这七个概念。密宗提出的这些名称虽然与道家不同，但都表明了一种探索身体精神状态的努力。

在民间，则演化出许多“三魂七魄”的故事。例如《玄怪录》记载：唐元和五年五月，司戎郎崔宣子崔环于病中被两黄衫带到阴间判官院受刑。崔环站在判官院之外，忽然听到以杖击人的声音，紧接着则有阴吏出来对崔环传话：“今且宽恕，只将你轻杖四板放归。”崔环说：“此身不入，何以受刑？”阴吏说：“凡人有三魂，一魂在家，二魂受杖打。不信，你看看自己的手臂、大腿是不是有被打的杖痕？”崔环拉起衣袖、裤管一看，手臂和大腿上果然各有四条杖痕，他一下子就感觉痛苦不堪，腿脚都抬不起来了，只能匍匐而行。

如果读一下《西游记》，也可以看到“魂魄”的描述。例如第十一回《游地府太宗还魂，

---

① 《老子》，北京：中华书局2006年版，第24页。

进瓜果刘全续配》中有个情节，说到唐太宗神游地府之后，地府的判官把他送到了“超生贵道门”，建议唐太宗回到阳间，千万做一个超生度亡的“水陆大会”，超度那些所谓“无主的冤魂”。唐太宗醒来之后，地府的惨状历历在目，他不敢迟疑，即刻吩咐举办“水陆超度法会”。这个情节虽然是小说家虚构出来的，但它反映了以道家为本根的魂魄观念在中国社会是根深蒂固的。

老子的“载营魄抱一”所用的“营魄”也就是以肉身为载体的魂魄。第一个字“载”表面看起来似乎是讲车载物体，但其实是比喻。不难看出，老子是把人体比喻成一辆车，而魂魄就像车上的物品，只是这种物品看不见、摸不着。肉身与魂魄的关系就像车辆运载货物一样。车辆要把货物运到一个距离长远的地方，就应该用绳子把货物捆绑好，才不会让货物半路掉下来；同样道理，肉身运载魂魄也应该做到彼此不分离。老子说的“抱一”，表明“三魂七魄”应该抱团，肉体与精神的关系紧密无间，所以他接着问“能无离乎”？由此看来，“抱一”就是一种固守魂魄的功夫。之所以要“抱一”就是因为凡人受到七情六欲的驱使，常常有妄想，想得多了，就会出现魂魄混乱、甚至离开肉身的状态，如此下去，肉身无主，就会渐渐坏朽。针对这种情况而提出的“抱一”，实际上就是一种排除杂念、安宁自我的方法。后来，制度道教把老子的“抱一”发展为“守一”等修持法门，例如意守肚脐之下一寸三分，意守两眉间的印堂穴位，意守背部的大椎穴等等，都是老子“抱一”法门的具体应用。

对于“载营魄抱一”的修炼法门，元代金丹派南宗著名道士邓锜在《道德真经三解》中解释说：“日月合度，会于天地乾坤。”邓锜从日月关系角度来理解老子的“抱一”，他讲的“日月合度”其实就是“日食”的自然状态。大家知道，太阳、地球与月亮的关系非常奥妙，月球围绕地球转动，地球又围绕太阳转动，如果月球转动到太阳和地球中间，三者正好处在一条直线，这时候月球就会挡住太阳射向地球的光，月球身后的黑影正好落到地球上，这时就发生日食现象。就自然界来看，“日食”就是太阳、地球与月亮达到了“抱一”的状态。邓锜从“日食”这种自然现象入手，进而引申开来，他结合《易经》先天卦位与后天卦位，从人体内丹修炼法度进行诠释。他说：

> 乾坤中交而生坎离，坎离中交而复乾坤，故曰载营魄。坤中交乾而为坎中一阳，各抱其一也。乾中交坤而为离中一阴，故曰抱一能无离乎。坎外阴而内阳，其体本坤，因得乾中而为中男。离外阳而内阴，其体本乾，因得坤中而为中女。以中男之专，致中女之柔而生婴儿，以为复姤，以父母而生万物之道也，故曰能如婴儿乎。紫阳所谓“能将坎内中心实，点化离宫腹里阴”者是矣。①

---

① （元）邓锜：《道德真经三解》卷一，《道藏》第12册，第191—192页。

乍一看来，邓锜这段话不大好理解。但如果对照一下这个《先后天转换图》就容易明白一些。

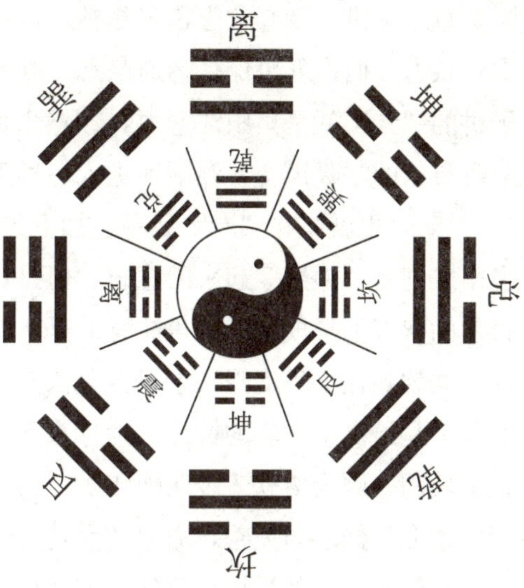

所谓“乾坤中交”，指的是“乾卦”与“坤卦”中间一爻交感，直截了当地说，就是中爻相互替换。用“乾卦”中爻替换了“坤卦”中爻，“坤卦”就变成了“坎卦”；倒过来，用“坤卦”中爻上交于“乾卦”的中爻，“乾卦”就变成“离卦”。从“坎卦”来看，两条阴爻当中包着一条阳爻；从“离卦”来看，两条阳爻包着一条阴爻，这就是“抱一”。内丹家进行内气调理修炼，就是要让“后天”返回“先天”。从卦象上看，就是抽取“坎卦”中的一条阳爻去填补“离卦”中的一条阴爻，概括起来，这个步骤就叫作“抽坎填离”。于是，“坎卦”回复为“坤卦”，而“离卦”就回复为“乾卦”。由后天回复到先天，生命能量得到补充，缺损部分得到修复，年老变为年轻，这是一个恒久的过程，所以老子问“能无离乎”？

在老子看来，要实现“恒久无离”的境界，除了需要处理好魂魄与肉身关系之外，还得保持气血畅通。俗话说：“人活一口气，树活一张皮。”人要是断气了，就像树木的皮被剥掉一样，生命就归于死亡，所以，维持呼吸，这是生存与健康之所必须。从这样的生活认知出发，道家特别注重呼吸的调理。《庄子·刻意》篇中有“吹嘘呼吸，吐故纳新，熊经鸟伸，为寿而已矣。此导引之法，养形之人，彭祖寿考之所由也”。《庄子》这段话记载的正是道家传承的炼气导引法门，它传达出两方面的信息：一是调整呼吸就是吐故纳新，这种方式与模拟熊、鸟等动物形体动作一样，都是道家修炼的秘诀。第二，呼吸炼气法门由来已久，早在彭祖时代就已经秘传了。彭祖是什么时代的人？根据司马迁《史记》等书的记载，他是颛顼的玄孙，历经唐虞、夏、商诸代，民间说他活了八百岁，而葛洪的《神仙传》则讲他活了七百六十七岁。不论具体活多少岁，彭祖的故事从一个侧面表明了道家所记载的呼吸炼气法门是有悠久历史传承的。老子讲的“专气致柔”正是基于上古时期先民们的炼气养生实践提出来的。

如何理解“专气致柔”这四个字呢？河上公《道德真经章句》是这样解释的：

> 专守精气使不乱，则形体能应之而柔顺。①

---

① 王卡：《老子道德经河上公章句》，北京：中华书局1993年版，第34页。

意思是讲，专心致志，守住精气，不使它混乱，这样人的形体就发生响应，使肢体保持柔软状态，而内气也保持畅通状态。联系上一句“载营魄抱一”，我们就能够明白，原来老子讲的“专”就是集中注意力，让意念贯注于自身呼吸的节奏，具体的操作就是让自己的耳朵听自己的呼吸声音，渐渐地进入一种无听、无意的状态。因此，有人把这个“专”字理解为“抟”，也就是在“专”字左边加上提手旁。什么叫“抟”呢？本来指的是“抱成一团”，引申之则有“汇聚”起来的意思。但是，这种“抟”的状态并不是要刻意追求，而是在任其自然的状态下形成的。值得注意的是，“抟”为一气，并不是要造就刚硬状态，而是非常柔软，柔软到什么程度呢？老子接着依然以提问的方式来表达。“能婴儿乎？”这里的“婴儿”实际上是给出了柔软的标准。为什么要以“婴儿”作为标准呢？因为刚刚出生的婴儿浑身就是柔软的，因为柔软才表明他年少，具有生命力。

生命的修复与完善，需要“命功”，也要“性功”。所谓“命功”就是修养形体的生命功夫，具体而言，就是炼精化气、炼气化神、炼神还虚的步骤操作。所谓“性功”，就是心性的修炼功夫，具体来讲，就是在多行善德的前提下，从“有为”进入到“无为”状态。要能如此，需以“心地调理”为核心。老子把这一步功夫叫作“涤除玄览”。

怎样领会“涤除玄览”的意涵呢？以往的学者有许多不同的解释。

魏晋时期的王弼说：

> 玄，物之极也。言能涤除邪饰，至于极览。[①]

在这里，王弼首先解释了什么是“玄”，而后讲操作的步骤。从其论述看，王弼把“涤除玄览”看成两步功夫，或者说是两个步骤。从语法上看，就是把“涤除”与“玄览”都看成动词，两者是并列关系。照王弼的说明，先是要去除心灵上的各种芜杂邪见、各种装饰，然后进入了“以道自观、自察、自鉴”的状态。显然，这个过程一直是有所操作的。

关于这一点，河上公的解释与王弼差别不大。他指出：

> 当洗其心，使洁净也。心居玄冥之处，览知万事，故谓之玄览也。[②]

意思是讲，应该洗涤自己的心灵，达到洁净的状态。于是，心灵就处于极为幽深无染的状态，这个时候，心灵不受外界干扰，不受欲望左右，自动地察知宇宙间的事物，这就叫作“玄览”。由此看来，河上公也是把“涤除玄览”看成两个步骤，只是后面的步骤，河上公已经具备了“以无览为览”的观念。

---

① （魏）王弼，楼宇烈校释：《老子道德经注校释》第十章，北京：中华书局2008年版，第23页。

② 王卡：《老子道德经河上公章句》卷一，北京：中华书局1993年版，第34页。

对于这四个字，清代的宋常星与河上公、王弼的解释有很大的不同。他说：

> 涤者，洒涤也；除者，除去也；玄览者，多见多闻，博古通今。疵者，病也。吾见今之学者，亦有博古今、通事物，广搜往事，射猎简编。要不过耳目见识之学，非真知真见。此等修行，欲至无疵之地，不亦难乎？
>
> 一切玄览之经书，虽是圣人之心印，未得道时，不过借此为渡水之舟筏而已；既得道后，玄览之法尘，若不涤除而去，则心迹不忘，亦不能入于寂然不动地位。所以，人不可认蹄作兔，执筌为鱼。当了一切法尘，当切去一切玄览，譬如病愈药止，更无瑕疵之病，有害于我者。①

在这两段话里，宋常星首先对“涤除玄览”的词义进行解释，他重点讲了“玄览”的问题。什么是“玄览”？在宋常星看来，涉猎广泛、博古通今，很有知识，这就是玄览。但是，对于修道者来讲，玄览得来的知识，即便是从经书里获得，也不过是圣人们留下的心印，是修行过程中留下的尘埃，不值得留恋，正如过河需要有舟筏这样的工具一样，当你过了河，就不要再求什么工具，而应该放弃工具，进入一个新的境界。很显然，宋常星是要破除玄览知见，进入一种无知、无见的空灵状态。

比较一下可知，河上公与王弼在“涤除玄览”的修持上都是“两步功夫”，而宋常星却是“一步功夫”，这就是“性功”的“无为”法门、“无为”境界。

从河上公、王弼，到宋常星，哪一种解释更为合理呢？我比较赞成宋常星的说法。如果说，“载营魄抱一”与“专气致柔”的“命功”是“有为”法门，那么“涤除玄览”的“性功”就应该是遵循“无为”的指向，这样才能够进入无瑕疵的境地。

老子在讲了“理身”的三大技能之后，紧接着就进入了“治国”法门的陈述。他开宗明义地指出：“爱民治国，能无为乎？”值得注意地是，老子不是讲“治国爱民”，而是提“爱民治国”，他首先想到的是“民”，把“民”摆在前，而把“国”置于民之后，充分体现了老子“以民为本”的思想立场。

老子为什么提“爱民”呢？这是由其大道学说决定的。仔细阅读《道德经》，我相信大家会留心注意，老子讲的“道”或者“大道”是“天下母”；也就是说，老子把“道”看作天下万物的母亲。说到这里，让我想起了2016年到欧洲维也纳参加纪念中国与奥地利建交45周年的一次学术研讨会。这次研讨会以“道德经与当代社会”为题。当时会上有个基督教神父说：“我们基督教讲‘博爱’，而你们中国的道家缺少爱。”听了这句话，我觉得很不对劲。于是，就站起来反驳他。我说：老子《道德经》把“道”看作“天下母”，这说明道家是充满大爱精神的。为什么这样讲呢？因为“母爱”是无私而伟大的，母亲对子女的

① （清）宋常星：《道德经讲义》卷上第十章，台南：和裕出版社2009年版，第43—44页。

“爱”是无条件的。在关键时刻，母亲为了保护子女，会不顾生命危险，表现出大无畏的勇气。这一点，即便在动物界都可以看到，例如母鸡，在它没有孵出小鸡的时候，也许很温顺，但在它孵出小鸡并且带着小鸡觅食的时候，如果遇上外来的入侵者，它一定挺身而出，与之进行激烈战斗。可见，母性的“爱”是神圣不可侵犯的。老子既然把“道”看成“天下母”，其爱万物的精神是不言自明的。经我这么一挑明，那个基督教神父恍然大悟，他连忙表示：“看来以前我对中国的道家文化有误解，道家这种以母爱对待万物的思想也是非常伟大，很值得赞赏的。”这位神父是诚恳的，也是虚心的。这件事更加证明了“大爱”是人类情感天性，具有普世文化价值观的意义。

老子先讲“爱民”，接着讲“治国”，这样的表达至少包含两层意义：第一，“爱民”是“治国”的前提，如果没有从“爱民”的立场出发，那就谈不上什么“治国”；第二，“爱民”是“治国”的根本，也是“治国”的核心内容，唯有牢牢树立“爱民”的思想观念、实实在在地为老百姓办实事、办急事、办大事，切实解决民生问题，才能得到老百姓的拥戴，国家才能长治久安。

但是，怎样“爱民治国”呢？是不是要刻意地兴师动众搞“政绩”工程呢？是不是要不断地施一些小恩小惠，让老百姓去争去抢呢？当然不是。老子在提出“爱民治国”之后，紧接着说“能无为乎”？为什么要这样问呢？显然，老子主张“爱民治国”应该坚持“无为”的基本原则。什么是“无为”？“无为”就是顺其自然，不加个人私欲、私利要求去作为。如果是从个人私心出发去进行所谓“爱民”，他可能就会进行选择性的“爱”，这就是对一部分人施与爱心，对另一部分人却不施与爱心，这就造成了有爱而不能周遍，于是一部分人高兴，另一部分人不仅不高兴，而且可能还引起怨恨，于是争吵就发生了，国当然就难治了，正是从这种现实情况出发，老子指出了“爱民治国”应该“无为”。

怎样做到“无为”呢？这当然不是针对老百姓说的，也不是针对下级官员说的，而是针对最高层级的领导者说的，因为只有他们有决策权，所以老子警示他们、开导他们。从这个角度看，老子讲“无为”，归根结底是“人心”的问题。因此，他紧接着说：“天门开阖，能为雌乎？”这个“天门”在哪里？王弼认为是“天下之所由从”。照王弼这个说法，“天门”是作为天下自然空间的一个出入口；正如房屋的大门一样，可开可闭，何时开何时闭，都是自然而然的。

与王弼这种泛泛而论不同，河上公把“天门”具体化了。他认为“天门”指的是“北极紫微宫”。这个“紫微宫”又作“紫微垣”。按丹元子《步天歌》的描述，紫微垣为三垣星系的中垣，位于北天中央的位置上，所以称作“中宫”。它由十五颗星组成，以北极为中枢，分为左垣与右垣两大系列。考《宋史·天文志》有记载，认为紫微垣在北斗星的北面，左右有诸星体环列，形成了翊卫辅佐的态势。夜幕降临的时候，在晴朗的天气里，我们走出室外，将会看到满天星斗闪烁。当我们面向北方，就可以看到紫微垣就立在天空的中央。据说，紫微垣之内是玉皇大帝居住的地方，非常神圣。后世人间的皇宫，依照古代星体神话传说的设想，也称呼紫微宫。照河上公的说法，所谓“天门”就是天上紫微宫的大门了。不过，河上公毕竟是一个修炼的道门人士，他在讲了天上紫微宫之后，接着就延伸到理身炼气的实践中，指出“天门”的引申义是“鼻孔”，而“开阖”指的是鼻息的出入。

经过查考，我个人以为河上公的说法比较符合老子《道德经》的原意，先讲天上的宫门，这就是“天门”，再讲人体的气息之“门”。这个解读是符合道家天人相应的思路的。但是，我却不认可人体天门是鼻孔的说法，而认为这个天门应该是头顶上的“百会穴”。根据《黄帝内经·灵枢·卫气》的记载，人体经脉会聚于头顶，故称作“百会”，它贯达全身，为百脉之宗。人的心思由此进出而通天，治理国家者，当谨慎人心之动静，顺天地之节候，理阴阳之进退。当行则行，当止则止，这就是“天门开阖”，实际上是比喻治国理政应该动静进退有序。

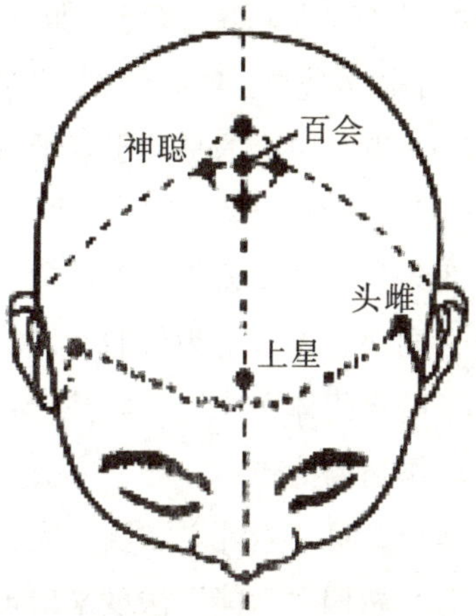

老子在讲了“天门开阖”之后，又问“能为雌乎”？这里，“为雌”两个字在王弼注本中用的是“无雌”，他的解释是“雌应而不倡，因而不为”。意思是讲，作为一个高级领导者首先应该有“柔静处天下的态度”；其次是不私自主观地倡导，以免产生事物发展方向的偏激。王弼文本中的“无雌”，强调的是“无”，也就是连“雌”都应该忘掉，这实际上是没有态度了。但河上公本则是“为雌”。我在这里选择的是河上公版本“为雌”。因为王弼在讲了“应而不倡”之后紧接着又补充说：“言天门开阖能为雌乎，则物自宾而处自安矣。”我因此怀疑王弼看到的文本早先本来就是作“为雌”，再考马王堆帛书甲乙本，都作“为雌”。所以这一句，我就选择“为雌”了。因为这符合老子“阴柔守静”的整体思路。结合老子的其他论述，我以为《道德经》在这里所开导的乃是：圣人治国，顺应天道，不随意起心动念，不受物欲蒙蔽，这样才能使自己“性全而心不乱，气役而志不迷”①。

“为雌”以顺应天道，就应该进一步做心地功夫，所以老子《道德经》接着说“明白四达”。什么叫作“明白”呢？这个词，我们经常听说，也经常使用。某人交代做一件事，你为了确认自己知晓，就会告知对方说“我明白了”，这就是我们通常所理解的“明白”词义。但是，老子《道德经》第十章讲的“明白”却另有深意。所谓“明”本指日月发光；引申到心性修养，则指内光慧照；所谓“白”本指纯色，也就是无色；引申到心性修养，指的是心地本体素纯而不杂。《庄子·人间世》有一句话叫作“虚室生白，吉祥止止”。《庄子》所说的“室”就是心灵深处，内心虚静，就能生明而归白，于是出现“吉祥”状态，这就是静定而安宁。这时候，内心没有欲望了，这就叫作“止”，《庄子》在“止”之后又加上一个“止”，这是什么意思呢？后一个“止”表示人心追逐外物，迷恋于外物的情况。如果内心无欲，以“止”的状态来使外在的诸多追求停

① （清）宋常星：《道德经讲义》卷上，台南：和裕出版社2009年版，第45页。

顿，这就是“止止”，也就是《易经》“艮卦”以山为法象的“止心”修炼法门。心不被外物所牵引，就扫除了一切阻碍，所以能够通达四方，这就叫作“四达”。要进入“四达”的状态，在内心上应该归于宁静，不可以使用巧智，所以老子在“明白四达”之后问：“能无知乎?”这里“知”指的是巧智，含有“欺诈”的意蕴。如果心存欺诈、讨巧，就不可能进入“明白四达”的内心修养境界。唯有无欲、无我、绝尘空灵，才能心与天地同运，性与道体混融。

以上讨论的是关于老子提出的“治国”三大法度。第一条“爱民治国”是目标；第二条“天门开阖”与第三条“明白四达”是实现基本目标的人格条件与保障。表面看起来，后面两条似乎是在谈修身养性的，但与上一层次的“载营魄抱一”等三条的出发点是不同的。上一层次是以理身为目的，以治国为参照；后一层次是以治国为目的，而以修身为条件。在老子的思想体系中，“理身”与“治国”两者是不可分离的。一方面，他从理身出发，延伸于治国道路的告示；另一方面，他又提出了“爱民治国”的社会目标，由此回归于圣人的精神境界。这“六能”法度，完整地表达了道家“理身治国”政治哲学的技术向度。

按照“六能”法度来治理国家，就能使天下大乱回归于天下大治。这个功劳是很大的。面对这样的功劳，圣人应该有什么态度呢？接下来，我们讲第三方面。

三、“身国共治”之“玄德”

老子在陈述了“理身治国”的“六能”法度后，接着就进行总结。他说：

> 生之畜之，
> 生而不有，
> 为而不恃，
> 长而不宰，
> 是谓玄德。[①]

在这五句话里，核心概念是“玄德”。什么是“玄德”呢？按照宋常星的解释，“玄德”就是“天德”。他说：

> 天之德玄玄莫测，故曰玄德。细想圣人道同于天，德齐化育，恩沾万彙。甚幽深而不可测者，万民不能见；其广被而不可穷者，万民莫能名。故其德玄玄，与天无二。[②]

---

① 《老子》，北京：中华书局2006年版，第24页。

② （清）宋常星：《道德经讲义》卷上，台南：和裕出版社2009年版，第46页。

意思是讲：天的德行是看不见、摸不着的，它无远不界，莫测高深，所以称作“玄德”。仔细想一想，圣人之道，与天相合，以平等心来化育万物，其恩泽广施天下万民、万物。这种功德是很深的，天下万民虽然受益了却看不见；这种功德是很广的，天下万民说不出名称来。其德惠及无穷，这与天的宏大恩惠没有不同。

既然“玄德”就是“天德”，我们只要弄清楚什么是“天德”，就能够明了圣人的品德了。

关于“天德”的问题，《周易》里早有论述。该书《系辞下》有一句话，叫作“天地之大德曰生”。由此可见，“生生不息”就是天地的美德。此外，《周易·系辞上》还有“生生之谓易”“日新之谓盛德”的说法。从这些论述可知，《周易》把扶植万物的生长当作天地之盛德，以天涵盖地，故而“天德”就是天地之德。重生、辅生、全生，这是大自然的品性，它最为盛大，所以称作“盛德”。老子《道德经》所谓“生之畜之”与《周易》“生生不息”的思想是完全一致的。不过，老子的论述比《周易》具有更为丰富的内涵。他在论述“生之畜之”基础上，提出了“三不”标准，他说：天地虽然生养万物却不把万物占为己有；天地毫不保留地进行奉献，却不倚仗自己的威势；天地辅助万物成长，却不主宰万物。

从国家治理的领导层面看，“不有”体现的是无私的财产观，“不恃”体现的是无欲的权力观，“不宰”体现的是无我的管理观。圣人之所以具备这样的思想境界，是因为他所效法的“大道”本来如此。大道混沌，周行不殆，生化万物，从不居功。因此，“玄德”既是道家所倡导的社会伦理，更是一种自然伦理，既是圣人自我修养的思想境界，更是一种“天人合一”的宏观管理原则。

老子这种以天道为法的理身治国思想对后世影响很大。历代注疏老子《道德经》的学者都对这一章的“玄德”意蕴进行了多层次、多角度的解读与发挥，而在现代社会，我国的政治领袖中也有对此关注并且加以应用的例证，周恩来总理就是一个代表。

1939年，周恩来在绍兴与《战旗》杂志社曹天风有一段耐人寻味的对话。曹天风说：道家思想对于革命、对于社会改造虽然无用处，但对于个人修养却是有帮助的，能使自己过好“黄金关、权力关、美人关”。这时周恩来反问道：“道家最精彩的话是什么?”曹天风一时回答不上来，周恩来笑着说：“‘生而不有，为而不恃，长而不宰’，大概是道家最精彩的话了吧?”

从曹大风的言辞来看，他对道家思想的埋解是有偏颇的。他肯定道家思想对人生修养有帮助，这一点我是赞同的；尤其是关于过好“黄金关、权力关、美人关”的概括，是很精辟的；但是，他指出道家思想对革命与社会改造无用处，这个说法是非常错误的。清代魏源作《老子本义》，曾将老子《道德经》看成一本救世的书，这话包含着十分深刻的内涵，《道德经》一书中的许多论述有助于社会改造、甚至潜藏革命意识，这是不可否认的。关于这一点，不是本文所要深入追溯的。我讲这个例证的关键所在是摆出一个事实，那就是周恩来总理不仅对《道德经》非常熟悉，而且抓住了《道德经》的要领。他把“生而不有，为而不恃，长而不宰”这三句看作道家最精彩的话，非常耐人寻味，体现了我国当代政治家的高瞻远瞩，更表达了他个人特别注重品德修养的情怀。

2017年元月初八，正值周恩来总理逝世四十一周年祭日，那一天我写了《三无总理》的诗作为纪念：

大德不德见真德，
大美不言存真言。
大义无身身处处，
大象无形形万千。

总理一生没有遗产，无儿女，死不留骨灰，人称“三无总理”，当年联合国下半旗致哀。他的一生真正践行了老子《道德经》“生而不有，为而不恃，功成而弗居”的格言，此正所谓永垂不朽也。

有和无的哲学意蕴：以老庄为基础

卢　涵*

内容提要：道家对道最为核心的描述就是通过“有”和“无”两个观念来实现的，在道家哲学的描述中，“有”和“无”这两个概念具有非常特殊的意义。首先，两者都是抽象的，“有”并不是某一物，“无”也不是虚空；其次，用两个词而非一个来描述道，说明道不仅在实体上不被限定，而且在动静状态上也是不定的。道的这种特点，呈现在道家对于“有”“无”的哲学意蕴的诠释上，而经由这种诠释，道家哲学呈现出一种特殊的圆融形态。

关键词：有　无　道　空

一、天下万物生于有：作为宇宙论根据的有

老子对万物实现的经典描述是“天下万物生于有，有生于无”①。道不是一个被人为确立出来的东西，而是道本然真实地存在。我们对道的感知更多地是来自于现实世界的万物，也就是作为实体的“有”，人类无法和道一样永恒，我们只是通过道的作用，或者说仅仅只有通过“有”的层面才能赋予道在人世的真实性。

关于“有”的含义，“有”的金文字形是左手右肉，即手持肉，从而引申为手中有物，这里的“有”表达为强烈的拥有之义。而《说文解字》中的解释为：“有，不宜有也，《春秋传》曰：‘日月有食之。’从月又声。凡有之属皆从有。”按照人习惯的方式，日月原本都是明的样子，但是出现日食月食的时候黑暗突然降临，这是非常突出明显的区别，以此表明的是“有”所具有的显白可观的特征。而在《周易》中有“大有”卦，“柔得尊位大中，而上

---

* 卢涵，女，浙江大学人文学院哲学系在读博士生。

① （魏）王弼注，楼宇烈校释：《老子道德经注校释》，北京：中华书局2008年版，第110页。

下应之，曰‘大有’。其德刚健而文明，应乎天而时行，是以元亨”①。“大有”便是大有收获的意思，表达的是作为收成意义上的“有”，即《左传·桓三年》中“有年”的“有”，根据注“五谷皆熟，书有年”② 这种表示，“有”具有的丰收之义，应该说也是“有”的最为直观的和基本的含义，考虑到中国思想传统所建立的农耕文明传统，这样的解释应该是最为直接的。由此我们可以看出道生万物，以万物为最为丰富的象征，成果丰硕是对“有”最好的表达，万物的创造就是“有”的根本含义。

通过对“有”字义的分析，可以看出“有”所具有的意义特点。首先，“有”表达存在之义，存在之所以被称为存在，是因为我们可以用感官感知到，其中最强烈的感知表现为拥有，如果说存在感是相对于人的知觉来说的话，不管是肉还是其他事物，当确确实实被掌握在手中时，具有最强的存在感表达，以此，“有”最先的含义是实体真实性（存在），同时也表明，我们必然是从一个个具体的事物上了解“有”的含义的。其次，“有”表达为一种功能，凡是感知必然联系着理解，我们说非存在有两层意思，其一是虚空，其二即无法被认识。而我们的认识必然是通过事物的功能得到的，通过功能达到的理解也是最充分和彻底的，不管是积极作用还是消极作用，任何的“有”都是具备功能效用的特点的。最后，“有”表达一种区别的意义，从“大有”对应于丰收，“大”可以被恰当地解释为各种各样以及大数量的，其中便蕴涵着差异性，抽象的“有”是不能具体说大小状态的，“大有”针对的是物，而物之所以成物，是因为其形式，真实性或者抽象的功能性对于物来说是共性，但是具体的功能表达则是有区别的，这种个性也决定了物自身是有限的，物与物之间是不同不通的。

但是这个“有”是老子用来描述道的，“天下万物生于有”③ 的“有”是哲学意义上的“有”，是逻辑和时空上在万有之先的概念，只能说与万有有共通点，但不是完全一致的。共通性在于：“万有”和“有”都表达存在的特点，“有”也是含功能的，但其功能是一种潜能的含义，因为实现出来的功能就是有区分的，“三十辐，共一毂，当其无，有车之用。埏埴以为器，当其无，有器之用。凿户牖以为室，当其无，有室之用”④，车轮、器具、居室之所以成为一种特殊的、具体的东西，正是因为它们的功能各不相同，辐、土、砖是不同而具体的万有，但是不论是什么东西，只要是“有”，它就有了实现其功能的可能性，所以基于真实性的功能性也是“有”的属性之一。但也是在这一点上说明了“万有”和“有”的不同点，前者是有限而特殊的，后者是无限而普遍的。“有”和“万有”之间的关系，可以从下图中很清楚地看出。

---

① 黄寿祺，张善文：《周易译注》，上海：上海古籍出版社 2007 年版，第 90 页。

② 李梦生：《左传译注》，上海：上海古籍出版社 1998 年版，第 58 页。

③ （魏）王弼注，楼宇烈校释：《老子道德经注校释》，北京：中华书局 2008 年版，第 110 页。

④ 同上书，第 26 页。

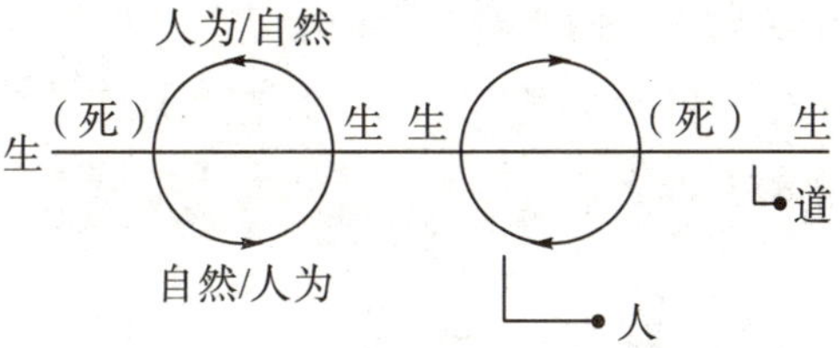

有：道的角度

（横线表示道的一部分，环表示人生，横线上下部分的环表示人所认识的生死过程，是人为认定的，也是自然成就的，但是不管是人为还是自然，在道的角度看来，所谓的死都回归在生之道上，所以并不存在死生的区分。）

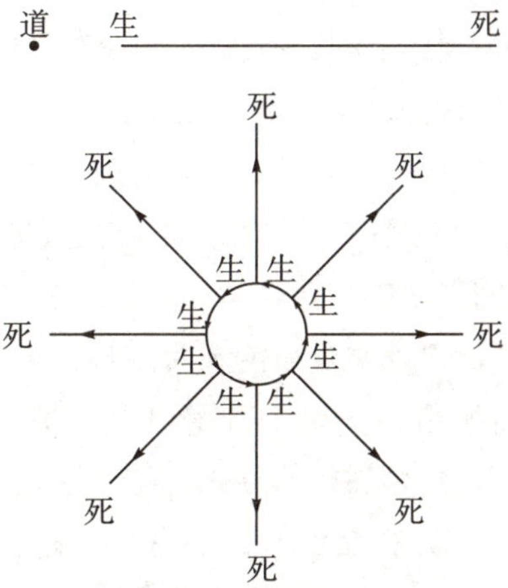

万有：人的角度

（上图为侧视图：点表示道的一部分，线表示人生。下图为俯视图：环表示道的一部分，线表示人生。在人的角度看来，死生不一，由生到死是线性过程不可逆，同时，在道家的视角下基于人世的描述是：人生源于道，而人为生命是背离道的过程，死是与道的距离。）

因为人的存在是无法逃脱有限性的，故而老子和庄子大体上只能用一些看似对立或者不确定的词语言说到的那个无限的状态①，实际上，我们只能就道的真实性说“有”，但是真实性又必须假借一个实体来表达，所以为了避免落入人的具象化思维，老子说“有”即是“无”，并且，这不仅仅是一种技巧，更是理解“有”最恰切的方式。老子是在确定了道存在的基础上说无，避免了使道落空，突出了无的另一层意思，即超越认知范围的含义，顺理成章地在明道的方式上，由知识积累转化为智慧见解。由此可见，老子所谓的“有”是一切真实性的基础，是实体之所以为实体的基本元素，故而无处不在。“有”更是一切效用的原动

① 笔者按：从这个意义上来说，我们必须注意到《老子》和《庄子》在语言表达形式上的特殊性，不能把《老子》《庄子》的语言作为一种固定化的认识，如果从语言的固定化角度来讨论老庄的思想，很容易陷入《庄子》所说的“师其成心”的状态，恰恰违背了老庄哲学本身所具有的意义。因为在老庄看来，语言表达的局限性是非常明显的，但是我们又必须用语言来表达道，在这个意义上语言之于道家是一种特殊的、权宜的方式，也就是庄子所说的吊诡，或者说是佛教中的遮诠地说。

力，是不息的，永恒趋向于实现，故而为时间上的始点。“有”是“道生万物”中“生”的内涵。从这个角度来说，“有”在于道家哲学之中是作为对于宇宙万有的产生根据而言的，这是一种宇宙生存论意义上的言说。

二、有生于无：作为本体论意义的无

“无”最常见的解释是表达否定和非存在，其中有两层意思，第一，是依托于存在，对存在进行否定的含义，也是平常所说的某一物是否存在于此处的概念。第二，“无”指非存在。非存在和不存在是不一致的，不存在是第一层的含义，也就是在人认知的范围内研究“无”，非存在则属于超出语言逻辑的范围，所以巴门尼德会说“不是不是不是”传统西方哲学的研究只在“是”的范畴中进行。这样看来中国哲学和西方哲学的研究范围是一致的，关注的都是与“有”相关的“无”，但是实际上“无”在中国哲学中的意义不指完全的虚空，也不是表达否定。“无”在“非”的第二层的意义上，真切地显示了其真实性。《尔雅·释诂》将“无”解释为“虚无之间”。“虚”就是非存在，“之间”就证明“无”与非存在不一致。因此，“无”的这个概念，恰恰说明了当传统西方哲学仍旧在追求真理的路上推进的时候，而传统中国哲学对因其对于道有正确的理解，故而是实践真理的传统。自“有”讲“无”，而非自“万有”讲“无”，这种独特的方式，使得道呈现非平面非单向的状态，具有时间和空间上的立体性，一是历史的缘由，二是世界的整体。因此，如何理解老庄对于“无”的哲学设定，对于把握中国哲学的特质来说，有着非常重要的意义。

“无”首先是表达存在意义的，根据甲骨文的字形看，“无”像一个人持把在跳舞，而在卜辞、金文中“无”和“舞”为同一个字，这是非常值得关注的事情，在中国社会的早期，舞是巫用来事神的一种特有的表现形式，巫通过舞与作为超越者的神明（无）联系在一起，因此，无、舞、巫从这个角度来说是具有内在的联系。由此可见，“无”是和作为超越者的神明相关的，这就意味着“无”具有无形和超越两个非常重要的意义纬度，由此，“无”在后来的传统中，也就具有了与道的本体相关的可能性。尽管神明不完全就是道，但是在某种程度上我们可以把它视为是人格化的道，那么道和神明在“无”上的共通点就是无法被人准确把握，但这并不是说道就是完全超越的，因为，舞蹈或者说巫术等祭祀仪式都是真实存在的，这是因为神明的存在是必然的，从万有的实体性也可看出道不是非存在而是无处不在，只不过它的存在方式无法用类似感官经验事物的方式把握。因此，我们可以很好理解《尚书·商书》中所言的“庶草繁无”的“无”，这里的“无”很明显是用于描述林木繁多的样子，为什么“无”具有多的意义呢？因为“无”在万有之中，万有的这种特殊性、具体性，表达了“无”所具有的多的特征，就如同道无处不在一样，道既然可以在万有中得到确证，那么因其万有之分殊性，作为道的“无”也是可以表达“多”之效果。因此，无论是从无形者的神明或者是万有的多的角度来说，“无”可以非常有效地体现出道的可靠性（真实存在

性）。

由此，只有从“有”才能理解“无”的真正含义，可以从与“有”的关联中得到“无”的一些基本特点。首先，“无”是与“有”相对的一种存在方式。这种相对不是对立（即不是否定），而是价值上的对等。《玉篇》中说：“无，不有也。”是一种很巧妙的表达方式，“不有”在《老子》的表述中也有很多，“万物恃之以生而不辞，功成而不有”[①] 以及“生而不有，为而不恃，长而不宰，是谓玄德”[②]，基本含义就是不占有，不以为己有。所以老子用“无”是为了取消掉强烈的主观意识，并不是为了否定万有的存在，这主要是因为现实世界中的“有”都是基于持有、拥有的含义来说的，故而“无”是道不以意愿活动实现万有，而是在自我自然运动中形成世界的意义。在这一点上，前面说“有”就是“生”，与“无”一致，价值上同一，但是侧重点不同，“有”联系万有而重结果，“无”联系自然而重意愿。也可以说“有”是物质性的，规定了万有“成”的实现状态，“无”是精神性的，规定了欲念的限度，以此引申出“无为”的概念，意愿决定人的行为方式，尽管意愿不必然决定结果却在合道与不合道的方式选择中影响结果，直接作用于人的生。

其次，更为具体地说“无”的存在状态，是取消偏向性的。《尚书·洪范》用“无偏无党”描述“无”，其实可以从欲望中推出，欲望都表现为想要某一物，即是有确定性指向的，这就表现为对待事物态度上的不均等，使得事物在结果上的偏废。《老子》第一章就说：“道可道，非常道。名可名，非常名。无名天地之始；有名万物之母。故常无欲，以观其妙；常有欲，以观其徼。此两者，同出而异名，同谓之玄。玄之又玄，众妙之门。”[③] 无欲对应的是妙，有欲对应的是徼，妙对应的是无名即始，徼对应的是有名即母。始作为物的产生的开始是无名的，母作为具体的物的开始是有名的。有名、无名的原因在于是否有边界，物物有别才能名实相应。徼即区分、边界的含义，倘若没有区分，就没有特定某物的概念，没有特定某物的概念，就不会有欲望，因为欲望必然是有指向性的。无欲、有欲是主观的意愿而不是客观的现实，老子并没有否定客观上物物有别，从“有”到“万有”的过程属自然不属欲望，始与母是必然并且已经实现的过程，而当下就是有母之后有名的世界。在万有的世界中，认可人之为人的限定性的同时也要向道归复，因为道是“生”而现实背离道就是“灭”，因而老子说“不道早已”[④]。

因而“有生于无”中的“生”不同于“天下万物生于有”，因为“有”就是“生”，现实中，“无”可以是从有到无的过程，意味着消亡，但是道是世界最原初的动力，一切的生命力都来自于道，所以道不会含有消亡、败坏。从这一点上，我们可以理解为现实世界中的生命都是线型的，同样，万有生于有也是线型的，但是“有生于无”则是一个圆环，这是两个

① （魏）王弼注，楼宇烈校释：《老子道德经注校释》，北京：中华书局2008年版，第85页。

② 同上书，第23页。

③ 同上书，第2页。

④ 同上书，第78页。

“生”最大的区别。线具有其始点，但在延伸的过程中，不断远离始点，生命力是在按比例不断下降的。但是圆则不同，圆上每一点到圆心的距离都是相同的，这就意味着不具有比例区别，每一点的生命力都是充足而一致的，“无”和“有”就是这个圆，这个圆就是道，道的运动就是“有”和“无”的相互转化。道的有限性表现为它就是一个圆，而不是方向凌乱，长短不一的线段。道的无限性表现为它没有终点，道是永恒的活动，每一处都是万有赖以开始的始点，故而《老子》说道“敝不新成”①，或者说“敝而新成”②，“有”和“无”以圆形的“生”相关，新旧和生灭则不能用于对道的描述。其次，“有”和“无”在圆上的关系不是说“有”在上，“无”在下，或者一左一右的方位关系，而是“有”与“无”是一个东西，因为圆上每一处都是等同的，说两者的互相转化不是顺时针是从无到有，或者说逆时针是从有到无，而是说无在有中运动，有在无中运动，两个运动达致的效果就是“生”，只有两个概念才能由静转动，只有两个价值对等的概念才能使动成为一种永恒。“无”表达难易认知时，不过是“有”的抽象层面的特征，“无”表达无欲状态时，不过是“有”与“万有”的区别特点。但是正是区别于现象的特点才使得道的本体成为本体，所以“无”是对本体更准确的描述。“无”的这种特殊的哲学意蕴，可以从下图中得到说明。

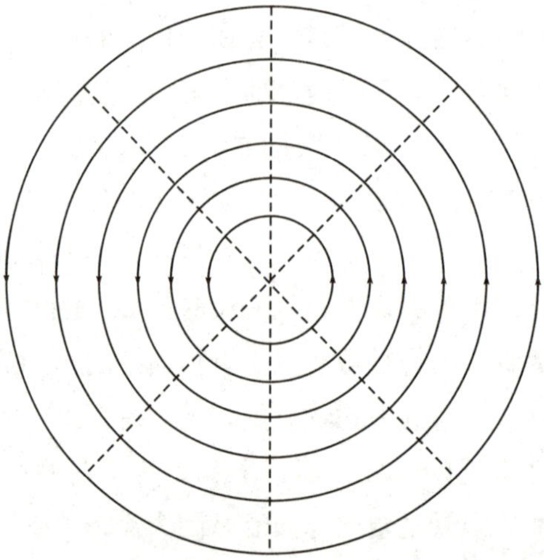

无：道的本体（俯视图）

（从本体的角度，无更能体现出道之动的特点，因为道的运动不是基于实现特殊目的运动，而是将目的消解掉的运动。所以从本体角度来说，道之动的特点是静，这种静是人之动无法相对描述的静，故而由动而静的运动只能是环形运动，环上任何一点无差别，故而都不是特殊目的的表现，且生生不息，因为每一点都没有差别，所以不存在运动的消损。每一环都是道，并且无任何区别，因为不存在除了环之外的中心，而以自己为中心。环中的虚线表示人的生命在道中满布的状态，各异但都在道中。）

① （魏）王弼注，楼宇烈校释：《老子道德经注校释》，北京：中华书局2008年版，第34页。

② 同上。

此外，“无”的重要性可以从“无”和“五”“午”“中”的关联性看出。“五”在中国传统中是一个非常特殊的数字，某种意义上说，“五”意味着完满性，故而很多中国传统中的概念都是和五相关的，例如五音、五色、五行、五脏、五经、五音等等。而五的特殊性则关系到“午”和“中”。“午”是时间概念，“中”是空间概念，《说文》言：“五，阴阳在天地间交午。”在时间的概念中，“午”就意味着“中”，太阳只有在中午时才落影为一个点，而在四方的概念中，中就意味着十字相交的那个点，这个点无南无北，不分东西，是不偏不倚的直观呈现。如下图所示。

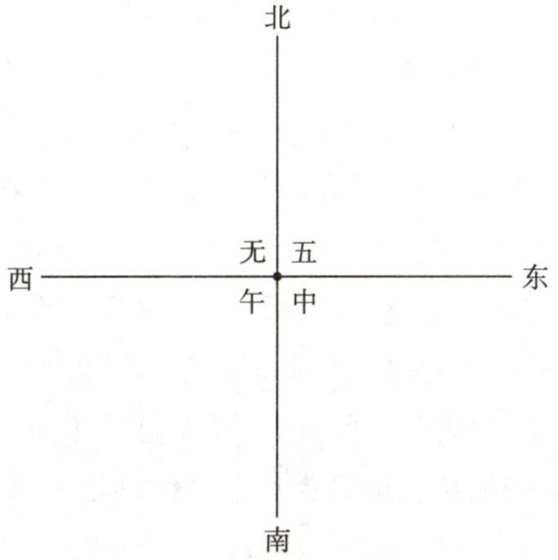

“十”字图

（在上图中，五、午、中、无，就是一个，即十字相交点）

因此，很清楚，当我们确定四方的时候，必然是以中心点为前提的，而这个中心点就是我们所在位置，四方都经由中心点而出，正如万有都经由道而得以实现，都因为获得道而达到无欲的状态，实现无为而无不为。没有中心，就没有这个世界，“无”就是中心原点，故而是“无”以其无偏向性的特点实现了世界的大全。从这个角度来说，我们可以非常清楚地看到“无”在老庄哲学中所具有的特殊意义，这样的“无”并非是没有，而是对“有”的特殊描述，这种描述就是本体意义的讨论，而且是圆融地呈现出一种体用无分（有无无别）的理论形式，在这样的形式中，万有世界的生生不息在本体之“无”中得到了确认。

三、有无相生：从存在论的角度来看待道

事实上，“有”和“无”无法分别描述，否定“无”的“有”就落入具体的万有，否定“有”的“无”就落入非存在的虚空。“有无相生，难易相成，长短相形，高下相盈，音声相和，前后相随。”[①] 将有无相生的关系和难易、长短、高下、音声、前后并列，似乎只有对

① （魏）王弼注，楼宇烈校释：《老子道德经注校释》，北京：中华书局 2008 年版，第 6 页。

立概念同时生成的含义，但是“有”和“无”在上述分析中不是客观现象中具体的概念，甚至是善恶也仅仅是价值判断，而有无则是道的本体，一切对立都是从这对概念产生的，不是被人为确立的概念，由此，我们可以从道兼有无的特点上找到世界以对立的方式呈现的根据，也可以由此明白什么样的对立才是老子所谓的自然实现的状态。

不管是“有生于无”还是“有无相生”，老子都用“生”解释“有”和“无”的关系，可以说“相生”更明显地体现了道所具备的“一”[①]的特点，而“生”则有可能被理解为一种层级的高下或者时间上的先后关系。首先，就存在形式来说，体现“有”和“无”是相互依存的。因为道在万有上流行，不仅生而且成，所以可以直观到有无在万有上的表现，“三十辐，共一毂，当其无，有车之用。埏埴以为器，当其无，有器之用。凿户牖以为室，当其无，有室之用。故有之以为利，无之以为用”[②]，把“无”作为形式，“有”作为质料，那么每一个实体都是形式和质料的结合。但是在老子那里，并不存在纯形式或者纯质料[③]，因为纯形式和纯质料则是在一条线的两端，一者接近是，一者接近不是，而有无一体，则不仅仅是把两头结合起来成为一个圈，而是这一圈的每一处均等，不存在不同位置是“无”的成分多，还是“有”的成分多，所以万有是一个个不可分割的整体，尽管是多，体现的也是一。

其次，从存在的实质来说，“有”“无”因内在融合的本质赋予了道的本体整体性。《道德经》说道：“孔德之容，惟道是从。道之为物，惟恍惟惚。惚兮恍兮，其中有象；恍兮惚兮，其中有物。窈兮冥兮，其中有精；其精甚真，其中有信。自今及古，其名不去，以阅众甫。吾何以知众甫之状哉？以此。”[④] 恍、惚、窈、冥都是感官无法把握的状态，意味着道之“无”，象、物、精、信则是一步步确立了道的真实性，意味着道之“有”。道是唯一自主自决的，万有以道为前提，道以自身为前提，道的新成是自我活动的结果，“生”就蕴涵着差异，因为差异是动力的原因，这就意味着不完全同一，语言是静止的，所以不是单一的有，也不是单一的无能够概括道的属性，而是两者一起才是道的本质。

从道的角度看，万有都是不外在于它的，但是尽管道无内无外，人或者万有都在是自我的同时又是他者，那么“有”和“无”的概念也是他者的部分，他者对于自我就是偶然性而非必然性，偶然性就是异常，异常导致不平，不平导致角度，所以说把有无中的一个概念作为道，这是角度的差异性所导致的。我们分别在形式上和实质上研究道兼有无的特点，形式上主要是道效用的表达形式，用“有”界定主要有两层含义，首先是定之有，也就是万有为确定的实体。可以被感知被理解被拥有，正是因为这一层面的“有”，得以生成有名的世界，

---

① 笔者按：以“道”为一的这种设定，在《庄子》哲学中表达得非常清楚，在很大意义上，庄子不太喜欢用有、无这样具有现实区分、对立的概念来表达作为根本基础的道，因为道即是一。从本体的意义，或者说，从道作为万有的根据，可以涵盖诸有的意义来说，道之一在道家哲学中是一个自然而然的结果。

② （魏）王弼注，楼宇烈校释：《老子道德经注校释》，北京：中华书局2008年版，第85页。，第26页。

③ 笔者按：形式和质料，套用的是亚里士多德的语汇，如果从这个角度来说，传统西洋哲学认为二者是分离的，而若以形式和质料来解释传统中国哲学，则认为二者是不分离的。

④ （魏）王弼注，楼宇烈校释：《老子道德经注校释》，北京：中华书局2008年版，第53页。

人的存在被客观地标注了意义。其次是不定之有，也就是作用。任何的作用都可以从事物的变化中明显地得到观察，“长之育之，亭之毒之，养之覆之”[①] 的过程如此真切，表达强烈的存在感。由此可见，“有”的全部内涵都在道上得到最充分的体现，我们说“有”是一切真实性的来源便是基于道对世界的作用最为显著的事实。作为万有之一，人对“有”似乎认识的再清楚不过，但是这种“有”并非活动的有，其实从对“有”的两层意思分析中，人更习惯于把“有”解释为第一层意思，而把第二层意思看作是流变的状态，这样只有把时空不断细分，每一刻每一处都定格，人们才会肯定其真实性。但是“有”在此的真实性恰恰不是微分所得到的，微分得到的就是第一层的意思，而第二层的“有”就是一种不能被时空限制的活动状态，这种活动状态其实已经接近“无”的概念，但还是在万有里面运作，“无”在被人用于描述道的时候，则是在本体上的。中国哲学中不存在二元区分，所以道的本体与自然现象是一致的，绝对性就是在相对性之中的，“有”和“无”在相对概念中有至高的位置，但两者是一个浑然一体的一，具有最高的绝对性，被称之为道：

> 物无非彼，物无非是。自彼则不见，自是则知之。故曰：彼出于是，是亦因彼。彼是，方生之说也。虽然，方生方死，方死方生，方可方不可，方不可方可；因是因非，因非因是。是以圣人不由，而照之于天，亦因是也。是亦彼也，彼亦是也。彼亦一是非，此亦一是非。果且有彼是乎哉？果且无彼是乎哉？彼是莫得其偶，谓之道枢。枢始得其环中，以应无穷。[②]

庄子所说的“环中”，实际上就是对于“有”“无”的这种相生的灵动性最为准确的表达，圆偏重于道在形态上的完满性，环中则本来就是运动的，道的运动不是万物那样杂乱无章的运动，而是永恒地环中，环中是用动的方式描述的一种形态，所以更适合被称为一种状态，万有的状态不是它的形态，只有道在这一点上是一致的，所以道不是别的，就是它的活动，时空对于道来说失去了意义，语言更是如此，实际上“有”和“无”都是具有无限可能性的词语，“有”突破了物质的限定，“无”突破了精神的限定。所以，如果要在这种活动上增添一些内容的话，“有”“无”应该是最合适的，“有”“无”不仅给予了道本体的描述，而且给予了实践道的可能。从这个角度来说，虽然用语言来表达道从本质上来说是不可能的，但是道家一直言说不可言说的东西，是有非常现实的意义的。“有”“无”一体的这种关系，可以用下图做一个直观的呈现。

---

① （魏）王弼注，楼宇烈校释：《老子道德经注校释》，北京：中华书局2008年版，第137页。

② （清）郭庆藩撰，王孝鱼点校：《庄子集释》上册，北京：中华书局2006年版，第71页。

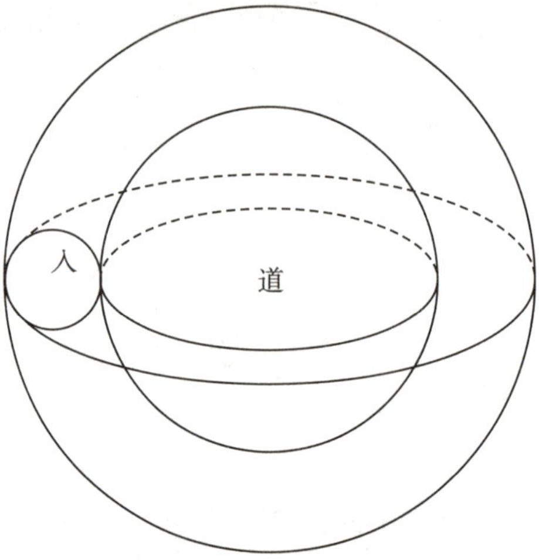

有无一体：道（立体图）

（以环表示万有之一的人的生命，以各球面表示道的各部分。有无一体表现在“有”非万有，而是道之有，故而有为环不为直线，且在道之内运动，人为在其中只是自然的一部分过程。“无”表现在“无”非没有，而是无差别、无增减、无生灭、无内外的道作为有的状态，以无限环套的球面表示。）

由此，在有无相生的“环中”意义上，老庄哲学所确立出来的是万物之存在的根本特性，在环中的这种特殊表达形式中，万有所具有的那种灵动的特性得到了确认，而道对于万物的观照，也在环中之中得到了最佳的表达。

四、有无之间：从境界论角度来看待圣人

道本体的“有”“无”在没有落实到万有上时对于人来说就只是一种知识，“为学日益，为道日损”①，对生命有没有作用的知识多一份少一份，在老子看来没有差别。道是一种智慧，只有通过无欲无为的方式才能体悟，追求知识并不和耳目之欲有别，故而不存在与知性相关的高级欲求能力和与情感相关的低级欲求能力的区分。因此，用知识的态度面对道就是用感官的方式向外乞求不为己有的东西，这样的方式非但不能把握道，反而是离道越来越远，对于道的把握只有在“塞其兑，闭其门”② 的状态下才能真正实现，所以“圣人不行而知，不见而明，不为而成”③。由此，在道家的观念中，真正与道相连的智慧是一种内在的东西，只能被开启而不能被认知。对于人来说，在内的就是心，与肉体感官相对。心就是道，在血肉的质料上，在供应人理性能力的层面上，它是“有”，同时在玄览而又能包容万物的意义上，它是“无”。由此，执着于“有”的状态，意味着我们的生活在事实的、物质

① （魏）王弼注，楼宇烈校释：《老子道德经注校释》，北京：中华书局 2008 年版，第 128 页。
② 同上书，第 139 页。
③ 同上书，第 126 页。

的意义上的被动累积，而趋向于“无”的状态则表明我们的内心在向道趋近的过程中的主动提升。当然，我们既不可抛弃“有”，因为它是真实性的保证，我们更不能遗落“无”，因为它是人得以与道合一的可能。

“有”和“无”构成了生活的基本限定。但是，对于“有”“无”任何一端的执定都不是一种最为理想的生存状态，在老庄道家看来，有无之间的那种游刃有余的状态，才是最值得肯定的，而这也是圣人境界的实现。对于生活在世俗世界中的人来说，都会因为自身的有限性而导致种种缺陷，因此，需要“挫其锐，解其纷，和其光，同其尘”[1]。在老子看来，无论是锐、纷、光还是尘，都是因为世俗的人主观区分、刻意表达的结果，而和光同尘才是圣人最真实的表达，和光同尘就是有无之间的具象表达。“朴散则为器，圣人用之则为官长，故大制不割。”[2] 在老子这里，世俗价值的确立是必然的，正如基于环中的线段必然会如太阳的光芒一样发散开来，但是价值又分为两部分，其一是属自然的，就是老子所谓的上德，与道相似的德才是真正的德，而德就是价值，所以不可以说老子否定了世俗的价值；其二是属人为的，就是老子视为儒家所确立的仁义礼等观念，人离道是有距离的，人为的离道更是有距离的，根据感情欲望的人为就会无限地背离道，在诸如“圣人不仁，以百姓为刍狗”[3]、“绝仁弃义，民复孝慈”[4] 等说法中，老子强烈地表达了对道背离的指责。第二种价值的确立，从道家整体意义上的道来看，是有问题的，因为人为的就是偏执的、主观化的，诸如仁、义、礼等这样的价值，并不是自然而然的，而是人为造作的结果，因此就是不道的。所以根据价值说，和光同尘是道和人的合一，光是道之德，尘是人之德。在本体上，用世俗的眼光看待道，它是微小的属“无”，人为则以强烈的主体意识意为“有”，只有“圣人处无为之事，行不言之教”[5]，弃人为而任自然；在作用上，道是大成，属“有”，即真正具有人效果、大意义的方面，而人为则相形见绌，属“无”，即没有永恒和普遍意义。因此，在“和光同尘”的意义上，道家首先在价值上消解了“有”“无”所具有的特殊性意义以及对于这种意义的执定的可能，“圣人抱一为天下式”[6]，有无在价值上的消融为一，使得有无之间的这种生存状态成为可能，它表达的是圣人由道体通达道用的那种圆融的状态。

其次，有无之间是环中的现实表达，环中最明显的特点是以圆圈的形态表达对等价值的运动，是“生”和“成”的一体。对于人来说，环中体现为事之成和人之成。在事物上，世俗往往是“有儒墨之是非，以是其所非，而非其所是。欲是其所非，而非其所是，则莫若以明”[7]。环中则可以将是非化解为无是无非，故而环中就是明，在不取消是非的基础上，以

---

① （魏）王弼注，楼宇烈校释：《老子道德经注校释》，北京：中华书局 2008 年版，第 148 页。

② 同上收，第 74 页。

③ 同上书，第 14 页。

④ 同上书，第 45 页。

⑤ 同上书，第 6 页。

⑥ 同上书，第 56 页。

⑦ （清）郭庆藩撰，王孝鱼点校：《庄子集释》上册，北京：中华书局 2006 年版，第 68 页。

灵动的角度看待是非，即环中运动和对等属性的表达，不偏不倚，即概念没有绝对意义上的高低，圣人就不会被世俗的价值趋向所束缚，在世事中做到游刃有余：

> 周将处乎材与不材之间。材与不材之间，似之而非也，故未免乎累。若夫乘道德而浮游则不然，无誉无訾，一龙一蛇，与时俱化，而无肯专为；一上一下，以和为量，浮游乎万物之祖，物物而不物于物，则胡可得而累邪！此神农、黄帝之法则也。若夫万物之情，人伦之传，则不然。合则离，成则毁；连则挫，尊则议，有为则亏，贤则谋，不肖则欺，胡可得而必乎哉！悲夫！弟子志之，其为道德之乡乎！[①]

不为价值驱使或者限制，就是不物于物。材或者不材都不能尽其性，不材不成，但是道必然是成的，圣人也必然是成的。材则以自我为对象，使已成物，失去了本心。所以只有这种中间的状态，是既成又得以使成保持的唯一选择。在人上，环中表达是向内的状态，环中所环的是中心点，道是自我保持和自我收敛而不是凌乱地发散，这是万有与道在本体上的显著区别，对于圣人来说，环中就是“致虚极，守静笃”[②]，在保持自我内在虚无的状态之下，才有可能达到应物无穷的效果，“若一志，无听之以耳而听之以心；无听之以心而听之以气。听止于耳，心止于符。气也者，虚而待物者也。唯道集虚。虚者，心斋也”[③]，内就是心，虚是有无之间，亦是斋。圣人在得道的意义上，和道一样是没有内外之别的，所以环中从更广大的角度说，就是人和万有的一体，是一个全然无所分别的“一”。

最后，老庄哲学对于有无之间的生存境界问题，还需要解决的一个关键是形与心的关系。普通的人是活在“形”上，圣人活在“心”上，圣人在《老子》的论述中还是偏向于政治的，但是在《庄子》的论述中完全是超脱的[④]，不出现在社会生活中而在一个莫名的地方存在，“至人无己，神人无功，圣人无名”[⑤]。在这里，圣人浑然与物同体，这样也就不存在类似于牟宗三先生所强调的“自我坎陷”的问题[⑥]。“一受其成形，不忘以待尽”[⑦]，“形”在可毁灭和作为欲求的根源上都是需要抛弃的，而道则是“大象无形”，[⑧] 所以活在“形”上，

---

① （清）郭庆藩撰，王孝鱼点校：《庄子集释》中册，北京：中华书局2006年版，第666页。

② （魏）王弼注，楼宇烈校释：《老子道德经注校释》，北京：中华书局2008年版，第35页。

③ （清）郭庆藩撰，王孝鱼点校：《庄子集释》上册，北京：中华书局2006年版，第152页。

④ 笔者按：从这个角度来说，老子和庄子在思想表达上有着非常明显的差异，这种差异在事实上形成了老庄的不同学术风格和精神气质。就两者最为根本的差别来说，老子更多关注的是现实的社会以及政治问题，庄子对于社会性的问题，尤其是政治问题，没有太大的兴趣，他关注的更多的是个体心灵的内在超越，在这个意义上个体内在的精神和超越的逍遥境界获得了可能。

⑤ （清）郭庆藩撰，王孝鱼点校：《庄子集释》上册，北京：中华书局2006年版，第20页。

⑥ 笔者按：自我坎陷是牟宗三先生的一个重要的概念，牟先生借助这个概念期望实现的是由内圣开出新外王，从而消解儒家传统思想与现代价值之间存在的断裂问题。而在这里，圣人的境界是非有非无，即有即无的，由此，内外混沦一体，在境界上充分表达出了道家哲学在圣人层面的那种完满和圆融的状态。

⑦ （清）郭庆藩撰，王孝鱼点校：《庄子集释》上册，北京：中华书局2006年版，第61页。

⑧ （魏）王弼注，楼宇烈校释：《老子道德经注校释》，北京：中华书局2008年版，第113页。

事实上就是处于被欲望驱使的状态下，只能在与物相刃相靡中承受追求所带来的劳累和不得的痛苦。《庄子》中对游心的境界使用很多寓言描述，用乘物描述游心，指明了对待“形”和对待“心”的不同态度，游心以合于道不是否定道生万有的现实，而是取消以形体为有待便由此生出的强烈主观意识，有待是一种观念而不是一种事实，有待则不能游，不能游就是不能从万有进入到有，无法实现对道的归复。

由此，圣人在有无之间以“游”的方式处之，即“本迹两忘，动寂双谴”[①] 的境界，本为无，迹为有，圣人不是有也不是无，也不是固守之间的状态，因为有无之间本来就是无间的，只有面对世事的时候才会出现偏离，但是这种呈现都是感官的结果，从本性来讲，都与道一致，圣人呈现的就是本性的状态，所以感官不能准确地把握，也无法用语言逻辑将其固定化。道家所说的“环中”更多地不是在本体上描述道，而是以其灵动的方式取消了本体和现象的区别，形固然是有限性，但是形和心都是属道的，道既无限又有限。对道来说，有、无是最根本的动力机制，有、无的这种灵动变化，使得道超越时空而成为万有之本，从而表达出无限；对人来说则是在内的智慧，即道与心的一致性的发明，从智慧的角度看有无，有无就不是知识性的概念而是一个生命体，人就是在这个生命体中避免了毁灭，从而可以突破自身的有限性而实现其神圣性。

① 笔者按：“本迹两忘，动寂双谴”是成玄英对《庄子·应帝王》疏释中所用的话，成玄英对于壶子和季咸的故事解读非常具有启发性，可以视为成玄英对于有、无关系的一种诠释方式，他说，“而壶丘示见，义有四重：第一，示妙本虚凝，寂而不动；第二，示垂迹应感，动而不寂；第三，本迹相即，动寂一时；第四，本迹两忘，动寂双遣”，成玄英的这四层意思，若以有、无来说，“妙本虚凝，寂而不动”描述的是作为本体的“无”的状态；“垂迹应感，动而不寂”则是作为现实的“有”的情形；“本迹相即，动寂一时”则是有无相生的特点；“本迹两忘，动寂双谴”则可以说呈现的是即有即无、非有非无的那种有无之间的境界。

释读《老子》第二章的新视角

——兼释第三十八、五十章

鲁亚曦*

内容提要：《老子》第二章的主旨是“德”，它揭示了大众、精英与圣人这三类人践行道德的不同方式与后果，并告诫读者：唯有遵循玄德发生规律指导的生活，才是最能体现并充分享受人生价值意义的生活；否则就只能在纷争、混乱、失控与衰落中走向生命的终点。正如“道体”通过“道用”表达于万物一样，圣人应通过“玄德”展开自己的人格并表达于全社会。这样才能实现“道大”与“人大”的双峰并峙，建立和谐的道人关系，从而使两者包覆的世间万物与人类社会在“尊道而贵德”的原则下自然、健康、持续地成长发展。

关键词：美善　有无　知行　玄德　时空转折

一、第二章正文与意译

【正文】

《老子》第二章：

天下皆知美之为美，斯恶已；皆知善之为善，斯不善已。

有无相生，难易相成，长短相形，高下相盈，音声相和，前后相随。

是以圣人处无为之事，行不言之教。

---

* 鲁亚曦，男，重庆人，复旦大学管理学硕士，退休公务员。

万物作而不为始，生而不有，为而不恃，功成而弗居。夫唯弗居，是以不去。[①]

【注释】

①本章的文字内容在三种传世本、帛书本和竹简本中皆存在。

②首句中的“皆知善之为善”，帛书本和竹简本作“皆知善”。这应是承前而省略的结果。

③第二句各分句中，五种版本有四、五、六字三种句式。如“有无相生”句，傅奕本作“有无之相生”，帛书本作“有无之相生也”，而竹简本作“有亡之相生也”。

④末句中“生而不有”四字不见于帛书本和竹简本。而“作而不为始”之“始”，三种传世本中有两种作“辞”。我认为应作“始”。

⑤ 第三句从“万物作而不为始”起，我分成了三、四两句。

【意译】

“天下”之人都“知”道了“美”而追求“美”，就会引发丑“恶”；“天下”之人都“知”道了“善”而追求“善”，就会引发“不善”。

（聪明的人都知道，）“有”从“无”中“生”，“难”因“易”而“成”，“长”“相”较于“短”，“高”“相形”于低，“音”以“声”为基，有“后”方有“前”。

唯有“圣人”才能以“无为”行事，以“不言”施教。

（道“生万物”，）“万物”乍起而不自以为创“始”，万物趋“有”形而不自以为所“生”，万物有作“为”而不自以为所“恃”，大“功”告“成”而“弗居”功。由于不居功自傲，“道”的功绩就不会泯灭。

二、必要的准备——《老子》第五十章释读

有了之前我对《老子》首章的新释读[②]，第二章的释读可能会更加令人感到意外。首章释读虽然已经提供了新视角与新方法，但仍然不够。为了从整体的视角更好地把握第二章的要旨与逻辑，我们需要把“道用”回嵌入“道动”的外延之中，而暂不去涉及“道体”。秉承“够用即可”的原则，我们在此先将“道动”的相关内容简单展开一下。

在老子对“常道”的有限描述中，“独立不改，周行而不殆，可以为天下母”（第25章）这一句十分重要。这是一种时空在先、逻辑在先的描述方式，它提示我们可以从现实时空的

① 陈鼓应注译：《老子今注今译》，北京：商务印书馆2013年版，第441页。本文中的《老子》引文除特别申明外，均采用陈鼓应的“老子校定文”内容。

② 鲁亚曦：《释读老子〈首章〉的新视角》，《老子学刊》第十辑，成都：巴蜀书社2017年版，第84—96页。

角度回溯超越的“独立”对“道体”的形容以及超越的“周行”对“道动”的形容。“道动”作为“道”之时间性及规律性的特征，是“道”论的时空两大维度与两大内容之一。

表达在万物身上，“道”的周行性即成为万物的周期性；“道动”的“循环论”即成为万物的“过程论”。“过程论”表明万物都必然经历一个有始有终的存在与变化的完整过程，这是在“道”的周行性基础上由万物自身的规定性所决定的。在释读第二章前需要对此先有了解。为此我们先要释读一下第五十章。

> 出生入死。生之徒，十有三；死之徒，十有三；人之生生，动之于死地，亦十有三。夫何故？以其生生之厚。
>
> 盖闻善摄生者，陆行不遇兕虎，入军不被甲兵；兕无所投其角，虎无所用其爪，兵无所容其刃。夫何故？以其无死地。

首先出现的“出生入死”句，是一种总体性或笼统性的表述，这是“道”之周行性表达于万事万物时所呈现出来的生命周期性。《管子·形势解》云：“道者，扶持众物，使得生育，而各终其性命者也。”[①] 在“道”的支配下，万事万物都处在不断变化中，都会经历一个有始有终的完整存在过程。只有“道”是超越生死、“周行不殆”的。

紧接着老子就将一个事物的完整生命周期一分为三，即三个“十有三”之“徒”。王弼《老子注》云：“十有三，犹云十分有三分。”[②] “徒”在《说文》上作“步行”解，可引申为“途”；另可引申为“徒党”“同类”。大多数人将“十有三”之“徒”释读作空间性划分的“类”，我认为应释读作时间性划分的“途径”“阶段”。“生之徒，十有三”，这是首段，是事物初生后蓬勃成长的阶段。“死之徒，十有三”，这是末段，是事物逐渐走向衰亡的阶段。“人之生生，动之于死地，亦十有三”，这是中段。对人生而言，中段常常是一个求生可能反死，绝路可能逢生，成败利钝祸福难料，半由人事半由天命的生命阶段。

这个三阶段的划分，似乎只是对人或人事而言，其实这只是一个基于常识、便于实用的切入点。对人当然有直接的指导意义，但它却是以“道”的“周行”（即“道动”）为原型的表现形式，不特适用于人。

此章剩下的文字以两处“夫何故”问答，将“生生”之“动”与“善攝生者”进行了对比。前一处是对中段的生动说明；后一处是对首段的生动说明。所以是对首中两阶段的对比，也是对两种“反”，即“大（周期之）反”和“小（周期之）反”这两种人生选择的对比。人在生命首段，若能“尊道而贵德”，不涉险不妄为，知进识退，自然“无死地”。在此

① 钟肇鹏等编：《管子简释》，济南：齐鲁书社1997年版，第447页。

② （汉）河上公注，（汉）严遵指归，（三国）王弼注，刘思禾校点：《老子》，上海：上海古籍出版社2013年版，第122页。

不赘述。

在此基础上要进一步说明，“道用”所表达的，正是在上述“过程论”三阶段中的首段里发生的事情，是过程论中的发生论的事态，是“道动”中包含的“道用”。而首段到中段出现的时间性转段与空间性转向这一时空转折点，其意义重大，影响深远，是老子经常提醒要特别注意的时态。其中的一个重要的意义在于，对于受人影响的事物而言，这是一个即将发生的内外冲突、危机四伏、物极必反、难以把控的时刻。《老子》第九章对此有多角度的描述。因此，只有提前加以预防，才能“知足不辱，知止不殆，可以长久”（第 44 章）。

前人对“十有三”的这种时间性三阶段的释读不能说绝无仅有（按：高亨曾持此说），但非常罕见。而相关论据我认为是确凿的，至少可以提出两点：

一是内部的论据。在五千言第二十五、三十、五十一、五十五、七十六等诸多章节中，老子也都叙述了或运用了同样的道理，可以证明三阶段划分的真实性与观察三阶段的多视角性，只是没有第五十章那么清晰、明确和完整。由于篇幅所限，我们在此不作具体展开，只列出一张图表供参考：

章　节	观察角度	首　段	中　段	末　段
第 50、76 章	时间性角度	生之徒	生死之徒	死之徒
第 25 章	空间性角度	大曰逝	逝曰远	远曰反
第 51 章	功能性角度	长之育之	亭之毒之	养之覆之
第 45、58、25 章	规律性角度	正	奇	反
第 24、46、53、30 章	价值性角度	有道	无道/非道	不道

这样的三阶段划分吻合于普遍的社会生活经验。当有人遭遇人生挫折失败时，我们都知道看人说话——如果是年轻人，我们会以“失败为成功之母”相鼓励；如果是中年人，我们会以“胜败乃兵家常事”相诫勉；如果是老年人，我们会以“冯唐已老”或者“日暮途穷”相惋惜。如果不分年龄段乱讲一气则话不投机，难免尴尬。曾国藩上书朝廷，将文中“屡战屡败”改为“屡败屡战”，立即令自己的处境与心态由末段切换到首段，气势便由穷途末路变得生机勃勃。他也说过“尽人事以听天”，表明对中段微妙处境的充分把握。而在书信中他又时常提醒兄弟、儿子“盛时常作衰时想，上场当念下场时”，说明他对老子的“反者道之动”（第 40 章）有着深刻的领悟。他在平定动乱后的最终选择表明他具有知进识退、功成身退的自觉性，颇有范蠡、张良的风范，也是老子思想的努力实践者。

二是外部的论据。《列子·天瑞》云：

> 人自生至终，大化有四：婴孩也，少壮也，老耄也，死亡也。其在婴孩，气专志一，和之至也，物不伤焉，德莫加焉。其在少壮，则血气飘溢，欲虑充起，物所攻焉，

德故衰焉。其在老耄，则欲虑柔焉，体将休焉，物莫先焉。虽未及婴孩之全，方于少壮，间矣。其在死亡也，则之于息焉，反其极矣。[①]

列子相传是战国前期的道家人物，距老子不远，是老学的传人。他对人的生命周期的划分以及各阶段特征的描述与老子五千言中所言几乎完全一致，只是将“出生入死”的全过程更加细化作四段而已。可见这种见解古已有之。

我们也可以从道理上讨论一下。在道与人、自然与自由、外道与内道的关系中，人在生命周期三阶段所经历的，是自由度不断缩小，必然性不断放大的过程，并最终结束于自然战胜自由。同样在作为三阶段首段的发生阶段，经“玄”“无”“有”三个环节，完成了由万能、可能向只能的过渡，这也是一个由自由向必然的过渡。按老子的观点，如果不能在首中转段之机及时“反动”，功成身退，进入“小反”周期，则就会在转段后进入“大反”周期，遭遇不测，走向死亡。

老子的“过程论”充分支撑了其“动善时”（第 8 章）的实践论，为后来黄老学派“时至而动”“随时而行”的实践论提供了强大的理论基础。

有了“道动”三阶段的划分，现在可以开始释读第二章了。

三、第二章逐句分析与释读

天下皆知美之为美，斯恶已；皆知善之为善，斯不善已。[②]

首句中的“知美之为美”和“知善之为善”两句，应读作“知美/之/为美”和“知善/之/为善”。“知 X 为 X”是一个老子常用的典型的转“知”为“行”的句型结构。

类似的表达方式在五千言中并不少见，这是老子人格论中的知行论所讨论的问题。老子时常以“知（名、闻）”之三阶对应“行（为、作）”之三阶来讨论知行关系。如：

复命曰常，知常曰明。不知常，妄作凶。（第 16 章）

知其雄，守其雌，为天下溪。为天下溪，常德不离，复归于婴儿。知其白，守其辱，为天下谷。为天下谷，常德乃足，复归于朴。（第 28 章）

吾言甚易知，甚易行。天下莫能知，莫能行。（第 70 章）

---

① 景中译注：《列子》，北京：中华书局 2012 年版，第 15 页。

② 该引文出自《老子》第 2 章，本章以下未标注引文皆出自该章。

在本文后面将要讨论的第三十八章中的“X为X以为”（如“无为而无以为”）的关系，其实也是知行关系的一种变体。此外在第十、十七、三十二、三十三、四十一、四十三、四十四、五十二、五十三等章节中都对知行关系多有涉及。

从本章内也可以看出，“天下”众人“皆知美之为美，斯恶已；皆知善之为善，斯不善已”，与后面的“圣人处无为之事，行不言之教”正好是对立相反的知行模式。

在三阶结构中，此处的这种知行观是首段中一种属于“知上为上”的顶格状态。从前面介绍的“过程论”中我们知道，这种顶格状态意味着首段的结束和中段的开始——即转段时节的到来，同时也意味着空间转向的到来。如前所述，转段意味着物极必反、盛极而衰的危机将临。在本句中，这种转段危机导致的结果就分别表现为“斯恶已”和“斯不善已”。老子云：“唯之与阿，相去几何？美之与恶，相去若何？人之所畏，不可不畏。”（第20章）这就明确告诉我们，“美”与“恶”是相去不远的，“恶”由“美”生，因而“不可不畏”，最好提前预知预防。老子又云：“善行无辙迹。”（第27章）而熙熙攘攘大张旗鼓地追求美与善，很快就会走向反面。这样追求到的美与善，只能是践踏他人的快感，即“胜而不美，而美之者，是乐杀人”（第31章）。西谚云：“通往地狱之路往往铺满善意。”罗兰夫人满怀理想热忱投身法国大革命，却死在革命者手里。她临死前留下了一句名言流传于世：“自由，多少罪恶假汝之名以行。”自由距专制可能仅一步之遥——这是用鲜血才换来的觉悟，但对她而言已经晚了。之后她的丈夫与恋人先后自尽，而把她送上断头台的人自己也最终被送上了断头台。

在更普遍的意义上，老子全面否定了“知上为上”的进取姿态，明确地指出：“将欲取天下而为之，吾见其不得已。”（第29章）老子又云：“使我介然有知，行于大道，唯施是畏。大道甚夷，而民好径。”（第53章）这体现出老子的知行观。“天下”之“民”与“圣人”对比，可明显看出“知/为”与“知/畏”的区别。

这并不是说老子忽视甚至反对“美”与“善”对人的价值性意义，他只是强调人为的强行追求可能带来相反的结果——尤其是“天下”人一起追求同样的东西，只会带来强争恶斗，导致相反的结果。老子云：“上善若水。水善利万物而不争，处众人之所恶，故几于道。”（第8章）“是以圣人常善救人，故无弃人；常善救物，故无弃物。是谓袭明。”（第27章）又云自己的理想是“甘其食，美其服，安其居，乐其俗”（第80章）。只要以“常德”待人待物，“美”与“善”都能以“常美”与“常善”的方式自然呈现。东晋王羲之酒后即兴挥毫作《兰亭序》草稿，即为神品，后不能逮，可为一例。

其实老子也在五千言中多处表达过与本句相近的意思，其云：“服文采，带利剑，厌饮食，财货有余；是谓盗夸。非道也哉！”（第53章）又云：“信言不美，美言不信。善者不辩，辩者不善。”（第81章）这些表述都说明，老子非常看重事物发展的时态，他认为在进入首段转中段与纵向转横向这个时空转折点后去从众追求“美”与“善”，将会导致“恶”、“不信”与“不善”的“非道”结果。

有无相生，难易相成，长短相形，高下相盈，音声相和，前后相随。

第二句中有六个对子。众家释者对此句的解释难得的一致，都认为各个对子均在表明一种相互作用并相反相成的关系，进而将其誉为老子的辩证法思想。不少人以此反推到首句，认定“美/恶”和“善/不善”也是相对而言的。实则大谬！

人们之所以如此望文生义，是因为没有联系老子的基本思想对“相”这个字作正确的释读。“相”字在关乎两者之间的作用时，有双向互指与单向所指这两种用法，它们在五千言中都有体现。如“两不相伤”（第 60 章）、“邻国相望，鸡犬之声相闻，民至老死，不相往来”（第 80 章）明显是双向作用的对立对等关系。但我们在前面所引说明首句中美恶关系的“美之与恶，相去若何”，则明显是单向作用的成就关系。我们此时要注意，在首句中就已经包含着单向关系，在第二句中延续这种关系描述是不奇怪的。

六个对子皆为四字一句，以“有无相生”开头。但在帛书本中它们却是六字一句，以“有无之相生也”开头。我们从首章释读中已经知道，“有”“无”所表达的两阶关系是“有”“无”“玄”三阶关系的简化，它们之间是一种递进发生的单向关系。六字一句的句式与句读也使这种单向关系表达得更为明显。其他五个对子不过是“道用”之“有”“无”关系的五种具体表达形式。河上公注《老子》虽多有偏失，然而在这一句上却把握得很准。他对本句的解释为“见有而为无也”，“见难而为易也”……如此等等，均是“知上为下”之意。[①] 我们当然也可以“以老解老”、从五千言中寻找相关解释，看看帛书本六字一句的表述是否应理解为单向的支撑。

有无之相生也。

“天下万物生于有，有生于无。”（第 40 章）“有无之相生也”其实就是换一种说法的“有生于无”而已。

难易之相成也。

“大小多少，报怨以德。图难于其易，为大于其细；天下难事，必作于易，天下大事，必作于细。”（第 63 章）我们从这里更容易理解从易入手是如何“成就”难事的，“成”已经在表示一种以易图难的努力。

---

① （汉）河上公注，（汉）严遵指归，（三国）王弼注，刘思禾校点：《老子》，上海：上海古籍出版社 2013 年版，第 122 页。

“天下”主要指人类社会。大小多少，斤斤计较，甚至冤冤相报，容易与人发生冲突，结果往往害人害己；不如从（细）小事做起，积少成多，以德报怨，或更有利于己。所以这里讲的是抽象的利害关系。

长短之相形也。

除此处外，五千言再无对长短比较的讨论，所以无法以老解老。但从上下文可知，老子对“长短”的比较，其关注点并不在于具体的度量问题。我们可以发现，全文中“长”字用到不少，且主要是“长久”“长生”“长保”这些价值目标。为实现这些时间性的价值目标，老子方云：“不自矜，故能长。”（第 22 章）又云：“知足不辱，知止不殆，可以长久。”（第 44 章）他反对骄矜自恃，以长求长，反之也就是主张以法自然之“短”以求长的意思，“短”相对于“长”的工具性价值当是存在的。

高下之相盈也。

“故贵以贱为本，高以下为基。”（第 39 章）单向取对应相比较的基准，一目了然，不用解释。

音声之相和也。

“大音希声。”（第 41 章）《礼记·乐记》云：“声相应，故生变；变成方，谓之音。”[①]《毛诗序》云：“声成文谓之音。”[②]《国语·周语》云：“声应相保曰和。”[③] 都说明声是音的基础和前提，而音是声调和合而成，须以声为基础来认定音。

先后之相随也。

竹简本和帛书本如此，传世本“先”作“前”。“天长地久。天地所以能长且久者，以其不自生，故能长生。是以圣人后其身而身先；外其身而身存。非以其无私邪？故能成其私。”（第 7 章）“是以圣人欲上民，必以言下之；欲先民，必以身后之。”（第 66 章）“不敢为天下先。”（第 67 章）这些都是用先后之关系比喻圣人“后身”作为之应然。

① 李学勤主编：《十三经注疏·礼记正义（上、中、下）》，北京：北京大学出版社 1999 年版，第 1074 页。
② 李学勤主编：《十三经注疏·毛诗正义（上、中、下）》，北京：北京大学出版社 1999 年版，第 7 页。
③ 黄永堂译注：《国语全译》，贵阳：贵州人民出版社 1995 年版，第 132 页。

六个对子释读完后，我们可以再看一例。本章一、二两句中加起来的八个对子，也可以与第二十二章的六个对子进行一个比较："曲则全，枉则直，洼则盈，敝则新，少则得，多则惑。"（第22章）此句前五"则"都表明了一种单向作用的成就关系，与本章第二句六个对子其实是同样的表达方式。最后两"则"却是一个连贯的过程。"少则得"仍是"道用"的单向式表达，而接着发生的"多则惑"则揭示了转向转段将导致的"甚爱必大费；多藏必厚亡"（第44章）的窘境。这一结果正与本章首句所要表达的转向转段危机意思相同。

看到这些以老解老的说明，我们应知老子在此的意图是将"道用"之"无中生有"转化为"玄德"之"无为无不为"，对第二句当不疑再有它解。

是以圣人处无为之事，行不言之教。

这是本章第三句，其基本思想是圣人应以"常德"和"玄德"立身处事。老子云："道常无为而无不为。"（第37章）"常无为"的完整表述说明，第三句中的"处无为之事"不是说不做事，而是强调要按自然规律履职办事，也为第三章的"为无为，则无不治"做好了铺垫。否则圣人就没有存在的必要了。这也是在反对统治者的主观武断、为所欲为。

"行不言之教"涉及的范围更大，不仅是行"为"，还要考虑到"言"谈对天下百姓的教化影响。"言"是"知"的外化。老子云："不言之教，无为之益，天下希及之。"（第43章）"我无为，而民自化。"（第57章）他很清楚这两者是天下很少有人能做到的，从而更凸显出圣人"言""行"教导的必要性。这种必要性，我们在本章前两句中已经能够看得很清楚了。老子又云："多言数穷，不如守中。"（第5章）可见"不言"就是避免"多言"相抵之害，就是"守中""守道"。

老子云："上德无为而无以为。"（第38章）他把"无为"视为最高的"德"，它必然是与"道"相通相符的。

万物作而不为始，生而不有，为而不恃，功成而弗居。夫唯弗居，是以不去。

从第三句分句独立后的这个第四句，虽然使用了拟人的表述方式，我认为前面实际上省略了主语"道"，在理解时应该在前面加上"道生万物"作为开头。另帛书本和竹简本在本句中均无"生而不有"四字，疑为后人所加。但在第五十一章中老子云："生而不有，为而不恃，长而不宰。是谓玄德。"明确显示这里表述的内容就是"玄德"，而且包含了"生而不有"四字，却少了"作而不为始"五字。而"长而不宰"四字，河上公注："道长养万物，不宰割以为利也。"[1] 其意与"功成而弗居"相同。因此传世本在第二章第四句中显示的

---

[1] （汉）河上公注，（汉）严遵指归，（三国）王弼注，刘思禾校点：《老子》，上海：上海古籍出版社2013年版，第126页。

"生而不有"四字无论是否为后人所加，都更能反映"玄德"作为"道用"的全貌。

本句中的"功成而弗居"是一个总结性的结论。而所谓"功成"与第51章的"物形之，势成之"相同，反映的是在"玄德"的内因内道与"势"的外因外道的共同作用下事物得以生存于天地间，从而面临"大反"与"小反"的选择。"功成"无论是内道还是外道作用的结果，最终都是"道"的功劳。而在本章中关键要看"万物作而不为始，生而不有，为而不恃"究竟何所指，这需要与首章仔细对勘才能知道。

首章云："无，名天地之始；有，名万物之母。"我认为第四句就是由此作了拟人化的发挥而成的。这两句的对应关系其实就是"道用"三阶与"玄德"三阶的一一对应关系。因此，"作而不为始"就是"玄"之"德"；"生而不有"就是"无"之"德"；"为而不恃"就是"有"之"德"。在这样的理解下，我们可以结合第一章第二句将本章第三、四两句的意译再具体化为如下的表述：唯有圣人才能以"无为"成就大"事"业，以"不言"推"行"大"教"化。因为圣人方能体现"玄德"——"万物"并作，玄"作"生无以为始"而不为始"；无"生"有以为母"而不有"；有"为"母以生万物"而不恃"有；事物在内外因作用下成长发展顺利圆满，圣人也"弗居"功。正因为他不居功自傲，所以他的功德才万古常在，不离"不去"。

老子德论对"德"多用两种形容，即"常德"与"玄德"。"常德"强调"德"的自然性——"常德"源于"常道"。老子云："道之尊，德之贵，夫莫之命而常自然。"（第51章）"玄德"强调"德"内在的起始性与自足性——"德"始于"玄"。王弼云："凡言玄德，皆有德而不知其主，出乎幽冥。"① 老子有时是两者同时强调的，如"知其白，守其辱，为天下谷。为天下谷，常德乃足，复归于朴"（第28章）。"朴"即"玄德"的象征。三阶常备，"常德乃足"；"复归于朴"，"玄德"乃出。对比首章可以知道，此两者与"常道"的两重性是一脉相承的。

我们对第二章的逐句分析与释读至此为止。此时我们本来可以再提供一个整体性的论据——在五千言中就有一处非常有对应性的论述。但我们还是放到本文最后再说明，看其是否能与我们的释读相互印证。

四、第二章旨意、逻辑与预设

第二章的主旨是"德"——虽然本章并没有出现"德"字。本章通过对四句内容的有序安排，分别比较了四种主体、客体、知行方式和事物对应发展运动的阶段性与空间性差异；继而为社会的引领者提供了强大的道德心法，树立了一种基于道德的精神人格，即一套符合真善美价值标准的把握方法与行为准则；最后归结为一个结论：正如"道体"通过"道用"

① （汉）河上公注，（汉）严遵指归，（三国）王弼注，刘思禾校点：《老子》，上海：上海古籍出版社2013年版，第22页。

表达于万物一样，圣人应通过“玄德”展开自己的人格并表达于全社会。这样才能实现“道大”与“人大”的双峰并峙，建立和谐的道人关系，从而使两者包覆的世间万物与人类社会在“尊道而贵德”的原则下自然、健康、持续地成长发展。

从主体看，首句的主体是“天下”大众，而第三句的主体是“圣人”，那么第二句的主体应介乎大众与圣人之间，可定为“小众精英”。老子将“闻道”者分为“下士”“中士”“上士”三类（第41章），前三句主语所对应的当是这三类人。第四句的主体是拟人化的“道用”即“玄德”。这样的布局已经构成了一个以“玄德”为塔尖、以“天下”大众为塔底的人类社会金字塔结构。这是老子在对社会的深刻观察基础上形成的社会结构模型，他对各阶层人群的立场、观点、方法与习惯了然于心，并期待着一个有序的道德社会的出现。

从客体看，不同的社会阶层有不同的关注重心。大众关注的是对真、美、善、利这些相对或绝对价值目标的追求；小众关注的是实现目标的方法选择的有效性；圣人关注的是自己言行的基本准则；而“玄德”展示的是健康的人格与社会的发展规律——此即为道德的价值体现。当我们理解了本章的全部内涵，才知道末句所描述的“玄德”，所营造的才是真正的大真、大美、大善、大利。

人类的全部活动最终将落实到如何处理“知/行”关系以应对内外部环境的挑战；大众采取的是“知上为上”的态度；小众采取的是“知上为下”的态度；圣人采取的是“不知不为”的态度；而“玄德”展现的是自然而然的为人处事风格。

既然包括宇宙人类在内的万事万物都不过是“道德”的某种表达形式与表达过程，因而我们可以发现四种主体的活动在“道动”中对生命意义各不相同的时态点上的对应位置。大众的活动重心在“道动”的首段到中段的转向转段的节点上，极情纵欲，争名逐利，往往忽视了欲益反损的道理。小众精英没有那么短视，他们将目光从转段危机中收回到首段内，关注如何利用“无中生有”的两阶关系，用恰当的方法实现自己的价值目标，并使之具有可持续性。圣人则再向后“复归”一步，回到三阶的视野，以“无为”“不言”的姿态，守住“玄德”之初的朴素立场，遵循自然规律与社会规律来实现人格与社会的健康发展。而“玄德”则告诉我们，既然我们已经知道了在“道动”过程中事物与人生会经历出生入死、由正而反、先盛后衰的完整过程，圣人就应该“知足不辱，知止不殆”“功成而弗居”，从“物”之全生命过程的大“反”周期中争取能动地实现“德”在首段中的小“反”循环，在社会金字塔结构中持续放大自己的影响，校正大众的功利性追求和小众的工具性追求，引领社会实现持续健康的发展。

由第一句到第四句，金字塔由底登顶，其实是一个回归“道德”“复命曰常”（第16章）的过程。这种编排法很好地反映了老子“玄德”之“与物反”（第65章）的思想。而第四句对“玄德”的描述，是“道”的拟人化效果——体现到圣人身上，又进一步人格化为圣人的“玄德”。用圣人之“玄德”的目光来反观批判不同阶层人群的作为，就可以校对出差别优劣之处。这又是一个金字塔由顶罩底的反向过程，而且同样是可以逐句比较落实的。

我们可以用一张图表来比较上述内容之间的关联性：

句序	主体	对象	知行方式	道动阶段	德不居功
第一句	天下大众	美与善	知上为上	首中转段	为而不恃
第二句	精英小众	六个对子	知上为下	无中生有	生而不有
第三句	圣人	言与行	不知不为	不言无为	作而不始
第四句	拟人的道	万事万物	自然而然	道用之初	道生德畜

由于我们在本文之前已经有了对首章的释读，我们在此可以结合“美（善）”的话题，将本章按首章首句的句型表述为“美可美，非常美”，那么本章第一句所对应的就是“可美”；第二句就是“可美之美”；第三四句就是“常美”。

讨论了以上内容之后，现在我们可以再提供一个整体性的论据来证明上述释读的可信度。我们已经指出本章的主旨是“德”，而《老子》第三十八章作为《德经》的首章，其主旨当然也是“德”。因此将这两章作一个对勘，有助于相互印证。我们在前面已经通过释读第五十章说明了时间维中转段的重要性，现在我们将通过释读第三十八章说明空间维中转向的重要性。

我们用“陈鼓应校定本”，在此对勘第二章与第三十八章：

上德不德，是以有德；下德不失德，是以无德。

上德无为而无以为；下德无为而有以为；上仁为之而无以为；上义为之而有以为。上礼为之而莫之应，则攘臂而扔之。

故失道而后德，失德而后仁，失仁而后义，失义而后礼。

夫礼者，忠信之薄，而乱之首。前识者，道之华，而愚之始。

是以大丈夫处其厚，不居其薄；处其实，不居其华。故去彼取此。（第 38 章）

对第三十八章，我们逐句作一个简单的释读。

上德不德，是以有德；下德不失德，是以无德。

首句中有六种“德”。对应于首章所揭示的“道用”的“有、无、玄”三分，在知识论里，“德”有“不德、无德、有德”三种事实性的发生层次；在价值论里，又有“上德、下德、失德”三种价值性的高低与选择。所以在第一句里所表述的，是德的知识论与价值论、或事实与价值、“知”论与“欲”论之间的几种关系。如图：

事实	价值
有德	失德
无德	下德
不德	上德

“上德不德，是以有德”，是说最好的德行是选择“不德”，即不因求德而为。这是最接近于道体之德。这样的选择其最终实现的效果是“功成而弗居”，达到“有德”。

“下德不失德，是以无德”，是说“下德”已非“上德”了，但还没达到“失德”以至由纵向“玄德”的活动转向为横向由“仁”开始的活动。这样的选择其效果还可以达到“无德”。“无（德）”毕竟还有一定机会生“有（德）”。但与“不德”比较起来，“无德”还要通过“无为”去实现“有德”，而“不德”及其所对应的“不为”则连“无为”与否的选择都避免了。“下德”与“上德”比较，可以说“上德”是“道德”；“下德”只是“圣人之德”。

既然“上德”与“下德”的价值性都依次讲了，本来按顺序还应该讲“失德”的。应该是为了与第二句的二阶讨论范围相对应，这里并没有往下讲。但我们完全可以顺着讲下去。最后一句我想老子会这样讲：失德而后仁，是以非有德。直接追求“有德”，会导致转段转向后的物极必反，最终结果是“失德”。所以在价值排序中是末位。而“失德而后仁”的转向表述就在本章第三句中。

第一句的意图，是要为圣人或“闻道”者建立一种基于德论的价值论，也就是一种特定角度的事实与价值的关系论。它一方面表明了“道用”即“玄德”发生发展的三阶过程，另一方面也表明了这是一个“玄德”的动力特征在三阶过程中逐步耗尽的过程。从时空角度看，在时间上这是首段的全过程，然后将面临转段的时刻；在空间上这是事物内部的变化，然后将面临转向以应对外部的形势。

上德无为而无以为；下德无为而有以为；上仁为之而无以为；上义为之而有以为。上礼为之而莫之应，则攘臂而扔之。

而到第二句，就是要在第一句的基础之上，建立一种基于价值论的方法论、或“欲”论与“为”论的特定关系，以践行“玄德”的原则（按：五千言中“为”“行”“言”“处”等说法，都属于行为方法论或实践论）。

第二句中有四种“为”，即“无为”“无以为”“有以为”“为之（有为）”。实际上是“为”与“以为”、价值目标与实现方法的四种对应排列关系。

对应三“德”三阶就有三“为”三阶，即“有为”“无为”“不为”。三“为”见之于下文中：

民之难治，以其上之有为，是以难治。（第75章）

是以圣人处无为之事，行不言之教。（第2章）

是以圣人不行而知，不见而明，不为而成。（第37章）

“不为”之“玄”境界是一般人难以把握和实践的，为实用之便，老子常把三阶的问题简化为两阶来讨论。这样一来，德的知识与价值三对三的关系也就变成了价值对方法二对二的关系了。从方法论的角度看，这样也把事情变得简单了许多。

本句里的“上德无为而无以为”是一种无追求也无作为的自然态度，延伸到德的知识论，就是一种“知下为下”的态度。其在价值排序上是“上德”。

“下德无为而有以为”是一种有追求但无作为的态度，延伸到德的知识论，就是一种“知上为下”的态度。其在价值排序上是“下德”。

无论是“上德”还是“下德”，都仍然是在“玄德”三阶内的纵向活动，而一旦到达三阶顶部的“失德”，就会转向为横向的起点“仁”了。因此就有了接着而来的“上仁为之而无以为”。这是一种有作为但无刻意追求的态度，延伸到德的知识论，就是一种“知下为上”的态度。其在价值排序上是比“失德”更下一档的“上仁”。也就是第三句中所讲的“失德而后仁”。

等而下之的是“上义为之而有以为”。这是一种有追求也有作为的态度，延伸到德的知识论，就是一种“知上为上”的态度。其在价值排序上是比“上仁”更下一档的“上义”。也就是第三句中所讲的“失仁而后义”。

等而再下之的是“上礼为之而莫之应，则攘臂而扔之。”

前面的“上义为之而有以为”已是“知上为上”，到“上礼”已无“知（以为）”可“应”，不可理喻，此时只好“攘臂而扔之”，要准备以力相竞争了，危乱也就由此产生。

故失道而后德，失德而后仁，失仁而后义，失义而后礼。

第三句对这个过程的因果关系给予了简明的提示。道德仁义礼的逐步失去，渐渐导致失纵向之“中”而就横向之“和”，最终因失“礼”而由“和”跌入争“乱”。

夫礼者，忠信之薄，而乱之首。前识者，道之华，而愚之始。

第四句提示了前三句所描述的转变过程中的两个关键之点的重要意义。

“前识”是相对于“玄鉴”（第10章）而言的。“玄鉴”是人类自下而上产生的把握能力之初，而“前识”则是其末，即“知上”之处，也即是前面所说的事物发展时态的时空转折之点，故云“道之华，而愚之始”。

而“礼者”，是“失道”“失德”后由内在的纵向朝外在的横向转向转段、逐次经过“失仁”“失义”后的最后一站——再向下就要“失礼”了。因此到“礼”这一步，再等而下之向后看，就是“忠信（即仁义）之薄，而乱之首”，天下纷争，难以救药了。

因此第三、四句所说明的这一过程与结果，与第二章首句的过程与结果是相同的。

是以大丈夫处其厚，不居其薄；处其实，不居其华。故去彼取此。

末句表达的意思很明白，是在告诉圣人或统治者，在社会文化变迁的普遍规律之下，究竟应该做何种选择——是让社会循“大反”之道迅速走完生命历程，还是走“小反”之道以求长治久安。它与第二章末句的意思是相通的，其要点就是“处内不处外——居玄德不居仁义礼”，“处下不处上——居不德不居失德”。

在对第三十八章的上述释读的基础上，我们可以通过一张图表来与第二章进行对勘。由于两章叙述的顺序角度正好相反，所以在表中将与第二章对应的第三十八章第二句顺序颠倒了一下，使两章对应。

句序	第 2 章	第 38 章
第 1 句	“天下”众人	“上义（失德失仁）”之人
	↓	↓
	知上为上（“知美为美”“知善为善”）	“为之有以为”（有为有以为）
第 2 句	无主语（小众精英）	“下德”之人
	↓	↓
	知上为下（“有无之相生也”等六对）	“无为有以为”
第 3 句	“圣人”	“上德”之人（行为上的“上德”）
	↓	↓
	无知无为（“无为之事”“不言之教”）	“无为无以为”
第 4 句	道用化玄德	“上德”（理想中的“上德”）
	↓	↓
	不为（“作而不为始，生而不有，为而不恃”）	“上德不德”

由此可见，两章讨论的内容、逻辑与结论是完全相同的。我们对第二章作如是解，相信是不违背老子的意图的。

老子學刊

道学研究

直指禅髓认前茅

——袁中道对《庄子·内篇》的佛学解读

韩焕忠*

内容提要：袁中道运用自己掌握的佛教义理，对《庄子》进行了佛教化的理解，著成《导庄》一书，具有引导《庄子》进入佛法智慧大海的意味。他认为，《逍遥游》引导众生出离三界，《齐物论》运用华严义理泯除万物的差异，《养生主》所说的“缘督以为经”就是养生的妙诀，《人间世》所说的“心斋”就是破除名根、退藏无用的良方，《德充符》就是将忽略形体作为证明内在道德充实的符验，《大宗师》是指那些彻悟生死的真人，《应帝王》就是无为而治。很显然，袁中道的“导庄”就是将人们对《庄子》的理解引向佛教特别是禅宗的思想领域之中去。

关键词：袁中道　《庄子》　禅学解读

晚明时期的文学家、公安三袁之一的袁中道将《庄子》视为佛教传入中国的前导，他运用自己掌握的佛教义理，对《庄子》进行了佛教化的理解，著成《导庄》一书，具有引导《庄子》进入佛法智慧大海的意味。

袁中道（1570—1626），字小修，湖北公安人，早年受长兄宗道（字伯修）、次兄宏道（字中郎）影响，以豪杰自命，喜交游，好读老庄与佛教之书。中道与二位兄长少年即得志于科场不同，他几经落第，于万历四十四年（1616）方考中进士，历仕徽州府学教授、国子监博士等，最后官至南京吏部郎中。中道与二位兄长宗道、宏道并有文名，时称“三袁”，其为文反对复古、拟古，主张独抒性灵，晚年兼重格调，所作游记、日记、尺牍、诗文等各具特色，有《珂雪斋集》20卷及《游居柿录》20卷行于世。钱伯城先生对中道的著作进行

---

* 韩焕忠，苏州大学宗教研究所教授。

了详细的点校，合为《珂雪斋集》[①] 一书，由上海古籍出版社于1989年出版发行，成为今天学者们了解中道思想观点和文学成就的主要依据。

袁中道《导庄》作于万历二十六年戊戌（1598）[②]。中道于文前小序中云：“庄生内篇，为贝叶前茅，暇日取其与西方旨合者，以意笺之，觉此老牙颊，自具禅髓，故知南华仙人，的是大士分身入流者也，作《导庄》。”[③] 中道明确提出《庄子》中具有禅宗思想的精髓，将庄子视为佛教菩萨的分身，视为佛教在中国得到弘扬和传播的先导。这种观点在他运用佛教义理对《庄子·内篇》各篇宗旨的解读中得到了更为充分的诠释和发挥。

一、三界之外逍遥游

袁中道认为，《逍遥游》具有引导众生出离三界的思想倾向。在他看来，“逍遥”就是“自由”和“自在”的意思。但人所生活的三界，却正是“百苦交煎”之场，故而有“愁海”之称。人们普遍受到见识的束缚：见识越小，束缚越大；见识越大，束缚越小。俗儒拘执，不自知其识见鄙陋，反而以此自矜其高明，就像庄子所说的蜩与鸴鸠嘲笑鲲鹏一样，这自然是典型的“小者”。而那位“卓然高视，超然远览，蝉脱尘坌之中，置身云霞之表”[④]，可以御风而行的列子，则是典型的“大者”。二者差别显然，不能等量齐观，但不可否认，即便是鲲鹏与列子之大，亦必待风方能飞行，这表明他们都受到客观条件的限制，是不自由的，不自在的，因而也是不逍遥的。在中道看来，那些“乘天地而御六龙者，纵心所欲，脱然自在”、“乘云御风，不生不死”的“神人”，才是真正获得“逍遥”和“自由”的人[⑤]。很显然，中道此论意味着“神人”已经出离“三界”“愁海”，成为解脱者和自在者。在中道看来，这实为庄子对人类的巨大贡献。他说：“古初以后，代有文字，皆详于世相，略于玄理。仲尼隐而不发，老氏发而未畅，兼之贝叶未来，大雄之消息尚隐。人滞有海，家弊尘封，而大仙崛起，纵谈出世，视古今为一息，目死生如梦幻，模写物外之神人，糠秕域内之事业。沉沉界有，始获出头之路；营营世法，都涉有为之迹。积迷为之呼回，长夜从此而旦。”[⑥] 最令中道气愤的是，世人囿于耳闻目见，对于庄子的微言，只能怀有惊诧莫名的恐惧，根本就无法信受，因此他只能寄希望于那些“离其执情，疏之格外”的“大心众生”了。在这里，我们似乎可以看到中道自视甚高、期待被理解但又孤独寂寞、侘傺失意的样子。

---

① 有关袁中道的生平及思想概况，可参阅钱伯城：《珂雪斋集·前言》，上海：上海古籍出版社1989年版，第1—13页。以下所引《珂雪斋集》皆出自该版本。

② 钱伯城：《袁宏道集笺校》，上海：上海古籍出版社1981年版，第796—797页。

③ 袁中道：《导庄》，《珂雪斋集》卷22，第935页。

④ 同上。

⑤ 同上，第936页。

⑥ 同上。

二、华严界里齐物论

袁中道所理解的《齐物论》，就是运用华严义理泯除万物的差异。在中道看来，世间万物本无所谓差异，是故孔子有“无言”之欲，释迦有“忘言”之论，但这不免启人以槁木死灰之疑，因此庄子以籁为喻，阐明语言没有确定不移含义。但人们无不因此产生分别，形成各种议论。如果了解议论都是虚妄的话，那么是非又何自而起呢？中道“细味玄旨”，觉得“妙合圆顿之教”，他不禁反问：“谁谓无碍至理，独出西方圣人乎哉！”[①] 在中道看来，凡存在于天地之间者，包括人们的身与心，无非物而已，从感觉的角度看是千差万别，从智慧的立场观察则可以体会到其一致性。他指出，凡认为事物存在大小、延促、人我、有情无情、净秽、去来、生死、语默、圣凡、一多等差异的说法，都属戏论。为证成此说，中道广引《华严》，如以“毛孔藏刹海，芥子包须弥”证明“小大齐矣”[②]，以“以一念顷，三世毕现，过去未来诸佛悉诣道场”证明“延促齐矣”，以“佛转法轮于一众生身内，而众生现有为于诸佛身内”证明“人我齐矣”，以“世间墙壁瓦砾，皆说法要成佛道”等证明“有情无情齐矣”，以“诸佛出现，所有威力无差别，为众生劣见，说有净土”证明“净秽齐矣”，以“随缘赴感，常处菩提之座”证明“去来齐矣”，以“未出母胎，度人已毕”等证明“生死齐矣”，以“语时默，默时说”证明“语默齐矣”，以“善财童子，一念成佛”等证明“凡圣齐矣”，以“一成一切成，一坏一切坏，一多交彻”证明“一多齐矣”[③]。中道对此总结说：“此非独实有是理，亦实有是事。故在庄则曰‘齐物’，在华严则曰‘事事无碍’，其实无碍即齐也。如此则天下之物皆齐矣。”[④] 中道将庄子的齐物论等同于华严宗的事事无碍，从而得出了天下万物齐一的结论。中道认为，庄子所说的“莫若以明”，即佛所说的“圆觉”、达摩单提的“悟门”，就是“知止其所不知”，让自己的知觉超出于感觉之外，才是庄子所谓的“天均”“天倪”等，才能真正从迷梦中觉醒过来，获得一“栖泊依靠处”。也就是说，中道将庄子齐物论等同于华严宗事事无碍的同时，也将达到万物齐一的“莫若以明”等同于禅宗的悟门，而最终归结到“知止其所不知”，即本心上。

三、缘督为经养生主

袁中道指出，《养生主》所说的“缘督以为经”就是养生的妙诀。中道认为，“督”就是人身之中实施养生活动的主宰者，人所从事的种种祸福利害生死等活动，都是在“督”的管

---

① 袁中道：《导庄》，《珂雪斋集》卷22，第937页。

② 同上。

③ 同上，第938页。

④ 同上。

控下进行的。因此，“善养生者，知督之权甚重，只得拱手听命，缘之以为常，即是养生尽年之妙诀也。盖自其若诏令然，一定而不可移，则曰命；自其非人之所能为，则曰天；自其处置已定，而物不能用力，则曰造物；自其极尊无二，无所逃于天地之间，则曰主；自其管我摄我，若士卒之与主帅，则曰督。”① 在中道看来，真正的养生不是与“督”对立起来，而是听从“督”的处置与管摄，无所用心于其间，超脱于名利的束缚，如此就能像庖丁那样游刃有余，像右师那样安于其介，像泽雉那样饮啄于野。因此中道对于古往今来那些“岩居谷饮之士”“挫廉毁方之夫”“栖隐放达之夫”极为佩服，称赞他们“多通老、易、庄、列，其于养生缘督之旨，亦微有见。使不知督之当缘，则驰求竞起，亦不能灭其名利之火，而享寂寞之乐也”②。中道对追求长生极为反感，将求长生者斥为“不缘督之尤者”。他指出：“若于死生之情状少有所知，则知本未尝生也，生何恋？本未尝死也，死何悲？幻薪虽有尽，而真火实无穷。火本自永，何必求永于薪？知此则悟人人长生，人人不死。尚不见有去来之相，而哀乐何从而生？古之达人，委运大化，符到奉行，岂不由此哉！故秦失曰帝之悬解，曰安时处顺，皆此之意也。”③ 中道此处虽未明确推崇佛教，但要将庄子的“缘督养生”导入佛教“随缘解脱”的意图至为显豁，而他所理解的“督”，也随处晃动着禅宗本心或佛性的影子。

四、退藏心斋人间世

袁中道认为，《人间世》所说的“心斋”就是破除名根、退藏不用的度世良方。在中道看来，人们学习圣贤，修养道德，乃至冒死谏诤于暴君之前，无非出于好名之心，他谓为“名根深重”④。这不仅于事无补，而且有害其身，因此必须破除这种好名之心。而破除这种好名之心的方法，就是庄子假借颜回之口说出的“心斋”。在中道的心目中，庄子的心斋与佛教的“破我执”或“无我相”极为类似。他指出：“惟心斋，则无一物荤腥其内。无意，无必，无固，无我，无可无不可，空空洞洞，一无所有。听之以心，心犹有意。听之以气，虚之极也，是未始有回也，是心斋也。”⑤ 运用心斋之法，颜回破除了对自我的执着，达到“意识不用”的境界，“不独山林可隐也，朝市亦可引也；不独朝市可隐也，暴王之前亦可隐也。行而无蹊，真而无伪，则扫踪绝迹，无翼而飞，无知而知”⑥。从这种隐居中，中道真切地体会到：“夫人间世之道，莫妙于退藏矣。退藏非不用也，有可用，则莫能用，故退藏

① 袁中道：《导庄》，《珂雪斋集》卷 22，第 940 页。
② 同上书，第 941 页。
③ 同上书，第 942 页。
④ 同上。
⑤ 同上书，第 943 页。
⑥ 同上。

不用，正所以用也。”[①] 如果说得再明白一些的话，退藏不用可以帮助人们在险恶的政治环境中保全身家性命，免于各种灾害。有人提出，老庄以退藏为处世之道似有乡愿之嫌。中道则以为老庄与乡愿不唯不类，且正好相反。他辩解说，老庄以退藏为主，虽显亦隐，自适自得，追求无名、不材，斋心、至真，为雌、守黑，处众人之所恶；而乡愿则以表暴为主，虽隐亦显，适人得人，希望有名、成材，荤心、至假，为雄、守白，处众人之所好，“处人间世之内，一生惟掩护遮饰，心劳日拙，已为世间第一不便宜人，所谓天刑之，安可解也”[②]。乡愿执着自我，实不足与言人间世之大道。中道由此认定乡愿们不如狂狷更接近老庄之道一些，从反面进一步证明了心斋无我和退藏不用的重要性。

五、身藏至宝德充符

袁中道理解的《德充符》，就是将忽略外在形体作为证明内在道德充实的符验。中道指出，人们对自己的形体非常在意，将其认取为自我，对之不肯有任何的亏欠，“至于此身中身藏至宝，乃君形者，乃尊足者，乃豘子之母之使其形者，百般戕害，好恶滑之，喜怒扰之，日销月砾，败坏已极”[③]。不免给人一种修缮房屋而虐待主人的荒唐滑稽感。中道认为，这都是由于人们认取形体为自我造成的，而这个纷繁复杂的世界和烦恼充满的人生，实际上就是这种认取达到了极致的结果。他对此论证说：“认取极，故妄，而有天地界有生矣。认取极，故纷，而有人我同业聚矣。认取极，故杂，而有盐木鼻舌身意，眼露孤光，耳奔声响，鼻司香臭，舌了甘苦，身能运动，意解巧思，妄情四出矣。”[④] 在中道看来，人生世间，本无可乐，因此应当严离色身，不再认取此身为我，这样就能够不起嗜好而绝贪，不起恼触而绝嗔，不起无明而绝痴。“贪绝，则戒德充矣；嗔绝，则定德充矣；痴绝，则慧德充矣。全其形者德亏，则亏其形者德全。德全不可见，而形亏可见。故大仙借形亏以验德全，而相形亏者为德全之符验也。故通篇皆因形亏之人，如兀者、支离之流是也。若便作兀者、支离会，是痴人前说梦矣，乌乎可！”[⑤] 中道言下之意，庄子只是借兀者、支离等人的形亏来彰显他们的德充，并非在强调形亏；与德充相比，形体的亏或全可以说是微不足道的事情。

六、真人真知大宗师

袁中道所说的《大宗师》，是指那些彻悟生死的真人。从佛教立场看，世间存在的任何

① 袁中道：《导庄》，《珂雪斋集》卷22，第943页。
② 同上书，第944页。
③ 同上。
④ 同上书，第945页。
⑤ 同上。

事物皆无永恒不变的自性，都是虚幻不实的假象，故而一切皆空，但人们执着于假象，因此只有真人才能获得有关世间事物的真知。“真人者，超于一切诸假之外者也，大宗师也。不计假多寡，不问假成亏，不设假谋虑，不畏假水火，不作假梦，不狗假嗜欲，不逐假往来，不立假喜怒，不执假仁义，不成假名节，不道假语言。”① 世间最大的变化，就是生死。人们于此无法获得透彻了解，对死亡充满了恐惧。在中道看来，真人之所以不忻生恶死，并不是因为他们具有强大的气魄，而是由于他们彻悟了生死的真相。“生生死死，千变万化，常在一气内，更无寻觅不得之处，是将天下藏于天下也，无所遁者也，更不得失却者也。一生尚可喜，况千生乎？去坏敝之躯壳，就新成之形质，如离破室，移至新宅，方当歌舞称贺，岂宜涕泪横集哉！然则生不得遁，将无往不得生；无往不得生，将人人长生。斯固不必望三山而搴裳，炼灌顶以度世矣。”② 因此中道站在佛教因果报应的立场上提出了“但当为善”的主张，将之视为“透脱之津梁”，而大宗师的福报则更进一步，“若夫大宗师者，无生无死，无缚无脱，能所双遗，因果同时，为万有之主，一不齐之化。如上古豨韦，以及傅说，皆大宗师也。或为大仙，逍遥紫府；或为真伯，分治名山；或为星宿，宅神天上。皆能不死不生，沙劫不坏。而世人不知，佥谓已死久矣。讵知得道圣贤，各有国土，常在宇宙间，理之必然，无足怪者”③。中道将女偊所授之道，以及副墨、洛诵、需役、于讴、玄冥、参寥、疑始等，都理解为真人形成真知的过程，而《大宗师》中所提到的人物，如：“子祀、子舆之流，能知不死不生，以无为首，而以生死为脊尻，是前无而后生死也，彼又奚以病为哉，彼又奚以死为哉！孟孙才惟达于不生死之理，故谓之善丧。许由、颜回、子桑，忘己达化，乐天知命，皆真人有真知也。吁，其皆所谓大宗师者欤！”④ 很显然，中道所理解的大宗师与觉悟诸法空相不生不灭的大菩萨具有很强的相似性。

七、无为而治应帝王

袁中道认为，《应帝王》给出的治天下之方就是无为而治。道家主张不尚贤，不贵难得之货，绝圣弃智，其目的就是使老百姓永远保持其纯朴、混沌的自然状态，以方便统治者对民众的治理。这也是《庄子》注疏中的老生常谈，中道虽广征宋金反例，但其思想大致不过如此，无足多者。然其论中有云：“一念存真，鬼神不能觑破，而况于人乎？此壶子之所以走神巫也。昔有学道者，一鬼寻之，七日不见。有大乘菩萨在室，则天人送供不至。盖修行之士，被鬼神觑破者浅，被鬼神觑不破者深。有意见，终有巧，故便非鬼神不测之机也……

---

① 袁中道：《导庄》，《珂雪斋集》卷22，第946页。

② 同上书，第947页。

③ 同上书，第948页。

④ 同上书，第949页。

其词旨诙谲，然大要即山鬼之伎俩有限，老僧之不见不闻无穷意也。”[①] 佛教所说之“真”多与“妄”对，往往指“诸法空相”。佛教以众生自恃智巧，迷真逐妄，故而流浪生死苦海之中，无由得出；而修行者则能了知诸法空相，舍妄归真，心无所住，不随外境转变，故而能解脱生死，得大自在。很显然，中道的这种解释，具有将道家的无为思想引向禅宗的证悟诸法空相、无所住而生其心的强烈意味。

通过以上的逐篇分析，我们可以很清楚地感受到，袁中道所谓的“导庄”，实际上就是将人们对《庄子》的理解引导到佛教特别是禅宗的思想领域之中去。具体说来，就是将《逍遥游》引向出离三界的解脱境界，将《齐物论》引向大小互摄、长短相即、一多相入的华严视角，将《养生主》引向随缘发明自性，将《人间世》引向破除名利执着，将《德充符》引向充实内在德性，将《大宗师》引向体悟生死一如，将《应帝王》引向心无所住。经过中道的这一番引导，《庄子》无形之中就变成了一部宣扬佛教义理特别是禅宗思想的经典之作。另外，还应指出的是，中道撰写《导庄》时才二十八九岁，还比较年轻，对佛教的学习和参悟还没有太久，因此他对佛教义理的体会和表述在有些地方难免还无法做到深刻和鲜明。如他对《养生主》中所缘之“督”理解为一种主导人们身心行为的内在力量，认为随顺这种力量就是最好的养生方式。但从佛教的立场上看，人们内在的驱动力量既可以是一种正面的引导人们走向觉悟和解脱的力量，即佛性（禅宗有时称为自心、自性、本性、主人公、无位真人等），又可以是一种负面的驱使、牵缠人们造作种种恶行的业力。我们无法从中道的行文中看出“缘督”内涵的确切指向，这不能不说是其相关思考尚不明晰的体现。

---

① 袁中道：《导庄》，《珂雪斋集》卷22，第951页。

现存碑铭中的洛阳下清宫*

赵　芃**

内容提要：洛阳下清宫古称青牛观或三官庙。《史记》载老子“莫知其所终”，下清宫传说为老子西行栓牛之处，初为老子庙，历经隋唐明清各代，至今留有部分碑刻、建筑等。《三官庙住持羽士张清林塔志铭》记载了张清林“自幼时出家宗释氏，既而弃释从道，始游武当，次造天坛”等业绩。下清宫张清林道士塔，是国内现存为数不多的道士塔之一，对研究我国的建筑史和宗教史，特别是道教历史和道教葬俗有着重要意义。

关键词：下清宫　张清林　塔志铭

河南洛阳下清宫亦名青牛观，或称三官庙，平面呈长方形，位于洛阳市老城区西北2.5公里岳家村北邙山翠云峰南麓。《史记·老子韩非列传》记载：“老子修道德经，其学以自隐无名为务，居周久之，见周之衰，乃遂去。至关，关令尹喜曰‘子将隐矣，强为我著书’，于是老子乃著书上下篇，言道德经之意五千余言而去，莫知其所终。”① 相传老子骑青牛西行传道至函谷关，下清宫为老子栓牛之处，初为老子庙，隋代翠云峰上建有老君庙（老子祠），唐高宗龙朔二年（公元662年）在翠云峰上建上清宫祭祀老子，在翠云峰下建青牛观（下清宫）祭祀青牛。自立观之后，青牛观（下清宫）曾多次更名，改为太清宫、玄元观、下清宫等，至今已有2500多年的历史。

邙山翠云峰上清宫、玉清宫、下清宫在宋朝时达到全盛期，翠云峰一带包括上清宫、玉清宫和下清宫，有道士800多名，仅下清宫就有道士300多名②。下清宫在金元以后逐渐荒

---

* 本文为国家社科基金项目《道教文化传播与“一带一路”战略研究》（16BZJ037）阶段性研究成果。

** 赵芃，男，齐鲁工业大学（山东省科学院）教授，博士，硕士研究生导师。

① （汉）司马迁：《史记》，北京：中华书局1959年版，第2141页。

② 《洛阳下清宫》，河南省洛阳市下清宫管委会印刷，第2页。

废，如今在下清宫留有神道石刻“石羊”，部分碑刻、残存柱础石与宝珠（塔刹）等。其中，庙内外遗存青筒瓦、绿琉璃板瓦和巨大的覆盆形石柱础，疑为唐代遗存。

图一

图二

图一、图二为三官庙住持羽士张清林塔，位于下清宫东侧院子里，建于明正德十一年（作者拍摄）

洛阳下清宫有明代住持羽士张清林古塔，砖塔坐北面南，平面八边形，叠涩密檐式七层实心砖塔，通高 8.8 米，边长 0.76 米，基部施土衬石，其上为砖筑八边形束腰须弥座式的基座，基座承托砖筑八边形塔身，塔身第一层南壁嵌砌石质塔额，塔身各层高度自下而上依次递减，面阔逐层收敛。塔砖长 30 厘米、宽 15 厘米、厚 7 厘米，采用磨砖岔分的垒砌方法，灰缝宽 8－10 毫米。石质塔刹，现仅存覆钵，其他刹件佚失①。塔身首层南侧有石铭“三官庙住持羽士张清林塔铭”，落款为正德丙子（正德十一年，公元 1516 年）。在佛教传入中国以前，道教古建筑中是没有塔的。塔起源于佛教，又称“浮屠”“浮图”，起源于印度，作为埋葬舍利、经卷之用，后来随着佛教传入我国，主要是一种佛教建筑。为高僧建塔是佛教的葬俗，佛教传入中国后与本土文化融合，逐渐形成中国特色的建塔习惯，道士建塔是宗教文化互相融合的产物。即使在全国范围内，现存道士塔的数量都非常少②，张清林塔便是其中之一。该塔对研究我国的建筑史和宗教史，特别是道教历史和道教葬俗有着重要意义③。

---

① 田冰峰：《浅谈洛阳下清宫道士塔纠倾方案》，河南省土木建筑学会编：《土木建筑学术文库》（第 9 卷），上海：同济大学出版社 2008 年版，第 3 页。

② 目前已发现的道士塔有五座：包括山东济南历城岱密庵道士墓塔、天津杨柳青普亮宝塔、河北魏县秦师石塔、山东沂源九重塔、河南洛阳下清宫张清林塔。

③ 王峰：《洛阳下清宫道士塔纠倾保护技术》，《古建园林技术》2010 年第 6 期，第 11 页。

图三

三官庙住持羽士张清林塔志铭（拓片由下清宫住持张信铭提供）

《三官庙住持羽士张清林塔志铭》[①] 记载：

羽士张清林，汝之伊阳人也，自幼时出家宗释氏，既而弃释从道，始游武当，次造天壇，后至伊阙莲花洞，化金箔，饰佛像，工讫，乃徒跣游洛城，日夜皇皇，思有所建而未得。适遇城之东北居人刘富、叶严等相與请曰：此有隙地一所，基趾弘敞，可建一祠。清林诺其请，遂募缘助金，经营弗置，其日用饮食，皆取拾于外，凡庙中盃水粟米，一无所利。伊国贤主察其持心纯素，大施金币、木瓦，以助其工，四方闻之，皆捐家资，以共成厥事。于是，先以铜铸三官圣像，不旬日正殿两厢及钟楼，傑阁以次落成，其土木壮丽，金碧辉煌，巍然为中州之状观，功亦伟矣。正德丙子春大工甫毕，而奄忽告终，坐化于庙之西室。国主命道修斋诵经，且阳藏地，于邙山之阳建立灵塔。其徒张一隆、欧一海为奉祀焉。铭曰：志苦而卓，貌古而苍。云水清修，羽士无双。奄忽遐弃，归窆邙阳。草木生色，原野有光。建兹灵塔，厥德以彰。载秋载春，弥久弥芳。

河南府僧纲司都纲悟本撰。泥水匠：张成　石匠：刘雄镌

正德丙子（1516）季春吉旦

在笔者看来，通过《塔志铭》对三官庙住持羽士张清林的相关记载，可以获知以下四个方面的重要信息：

一是伊国贤主察其持心纯素，大施金币、木瓦，以助其工，四方闻之，皆捐家资，以共

① 吕劲松主编：《洛阳明清碑志·市区卷（下）》，郑州：中州古籍出版社 2017 年版，第 473—474 页。

成厥事。分封藩王是朱元璋建立明朝后采取的一项重要政治措施。他从保持朱家王朝长远统治的目的出发，认为只有自己的儿子最为可靠，将他们分封于全国各地，可以起到辅助王室之作用。河南是封藩王最多的地区之一，其中伊王朱㰘是朱元璋的第二十五子（又说二十四子），洪武二十四年（1391）受封伊王，永乐六年（1408）就藩洛阳，十三年（1415）去世。明代后期，神宗朱翊钧又封其子朱常洵为福王，至万历四十二年（1614）就藩洛阳①。㰘为太祖二十五子，但其后裔墓志皆言㰘为二十四子。六世孙万安康懿王典质墓志云："'太祖龙飞淮甸，混一土字，乃以第二十四子分封洛中，是为伊厉王。'……从永乐六年（1408）厉王就藩洛阳，至二王嘉靖三、四十年薨，历时一百五十余年。"② 又《万安康懿王墓志全文》记载："太祖龙飞淮甸混一土字乃以第二十四子分封洛中是为：伊厉王厉生、简王简生、安王安生、悼王、定王定生、庄王、敬王。"③ 由于朱㰘被封为伊王后胡作非为，残害百姓。永乐十三年病死，获恶谥厉，史称伊厉王。伊厉王之后的历代伊王亦多不肖之徒，为非作歹。即便福王就藩洛阳后，也是腐化奢侈，无恶不作。由《塔志铭》记载可知，张清林于三官庙竣工之后便"奄忽"坐化，其逝世时间应是正德丙子（正德十一年，1516）④。核对伊王世系，可知张清林逝世当年在位的伊国国主为伊庄王朱讦渊。伊庄王朱讦渊于正德六年（1511）袭封，嘉靖五年（1526）薨⑤。目前，张清林的出生年月与入洛阳的具体时间尚不得而知，他也有可能得到过前代伊王的支持。至于伊王为何对张清林的修庙之举给予大力支持，其原因或与伊王一系对道教的崇奉有关。

二是"云水清修，羽士无双"。羽士张清林"弃释从道"。全真教为金代中期兴起的道教派别，其创始人陕西咸阳王重阳在山东收马钰、谭处端、丘处机、刘处玄、王处一、郝大通和孙不二为徒，即"北七真"。早期全真教继承发展钟吕内丹学说，力倡三教合一之说，以成仙证真为信仰鹄的，强调功行并重的修炼之道⑥。在丹法修炼上，全真教与当时活跃于南方的金丹派南宗有较为明显的差异，形成了自己独具的特色。金丹派南宗以张伯端为代表，主张性命双修，先命后性，其后学又分为重内丹传统与重禅道融合两类⑦，称之为"南宗"。全真教以王重阳为代表，主张先性后命，以性为主，以诚心静意、修真养性为修道成仙的正途，称之为"北宗"。《重阳立教十五论·云游》曰：云游于山水明秀之间应"参寻性命，求问妙玄，登巇险之高山，访名师之不倦，渡喧轰之远水，问道无厌"。《塔志铭》曰："云水清修，羽士无双。"这反映了羽士张清林"弃释从道"的道教情怀，可推知他所崇尚的应为清修一派。

---

① 黄明兰：《明朝伊藩王世系补正》，《河南师大学报》1980年第3期，第42页。
② 同上书，第43—44页。
③ 同上书，第44页。
④ 《三官庙住持羽士张清林塔志铭》载："正德丙子春大工甫毕，而奄忽告终，坐化于庙之西室。"
⑤ 黄明兰：《明朝伊藩王世系补正》，《河南师大学报》1980年第3期，第48页。
⑥ 参见卿希泰：《中国道教史（修订版）》第3册，成都：四川人民出版社1996年版，第54—91页。
⑦ 任继愈主编：《中国道教史（增订本）》（下卷），北京：中国社会科学出版社2001年版，第629页。

三是张清林修庙之功德。塔铭记录了羽士张清林在三官庙修建过程中的巨大贡献。他“募缘助金，经营弗置”，“日用饮食，皆取拾于外”。弘道之愿和修庙之举得到了伊国贤主的大力支持，“大施金币、木瓦，以助其工”，同时也得到了社会各界的支持，“四方皆捐家资，以共成厥事”。张清林的辛勤付出最终取得了巨大成绩，由塔铭记载可遥想三官庙之巍峨壮观。“先以铜铸三官圣像，不旬日正殿两厢及钟楼，傑阁以次落成，其土木壮丽，金碧辉煌，巍然为中州之状观”。虽然尚未从文献中发现张清林入道之后对道教的更多贡献，但光此项就足以说明羽士张清林“功亦伟矣”，应该“载秋载春，弥久弥芳”。

四是修建道士塔的缘由。“建兹灵塔，厥德以彰”。张清林“奄忽遐弃，归窆邙阳”。为了纪念其在建庙传道之功绩，特意建筑“灵塔”。羽士张清林“正德丙子春大工甫毕，而奄忽告终，坐化于庙之西室”。“国主命道修斋诵经，且阳藏地，于邙山之阳建立灵塔。其徒张一隆、欧一海为奉祀”。至于张清林徒弟“张一隆”“欧一海”罕见于古代文献之中，仅明代《河南固县志·国朝置阴阳学训术医学训科僧会司僧会道会司道会》有“张一隆”[①] 名录，是否为该人还需更多资料考证。张清林、张一隆、欧一海，其中“清”“一”则为全真道龙门派“道德通玄静，真常守太清。一阳来复本，合教永原明”[②] 之传承谱系。另外，《三官庙住持羽士张清林塔志铭》是由河南府僧纲司都纲悟本撰写的。按理河南府也有道纪司，为何由僧官撰铭而非道士抑或道纪司道官撰写？笔者推测有如下可能。这或许与张清林早年先释后道的出家经历有关；或因张清林佛道融合，以道释佛或以佛释道；抑或当时洛阳的道教管理制度衰弛，下清宫由僧人管理。因当前资料有限，具体缘故尚无法得知。不过，从按佛教建塔的习俗或者根据塔铭内容来看，佛、道两教都对张清林修复下清宫的功德予以充分肯定，所以才以佛道相结合的方式修建了道士塔。

明朝诗人张姜谷《青牛吼谷》曰：“大道归何处？白头一老翁。名逃柱下史，丹炼翠云宫。紫气冲关外，青牛吼谷中。流沙越万里，西去觅真空。”[③] 下清宫有“洛图道人书”，明代万历辛丑（1601）立“混元道德洞”石刻[④]。天启岁次癸亥（1634）季月吉旦《□帝碑》[⑤]，虽碑文字迹漫漶，内容不清，但仍可看到“新春于正月初七至初八”“又于二月初二至初三”“祖师圣诞保安熙”“每逢胜事三次经”“皇明兴，天华永，固惟祖师之默祐，实善士之潜祝也”等字样，说明下清宫在明代活动频繁，善士众多。

---

① （明）《河南固县志》卷十七，民国三十年（1941年）四月印刷，线装本。

② 李养正编著：《新编北京白云观志·诸真宗派志》，北京：宗教文化出版社2003年版，第438页。

③ 任华光著：《古都洛阳纪胜》，郑州：河南人民出版社1985年版，第54—55页。

④ 该碑现位于洛阳下清宫内，碑长150厘米、宽50厘米、字径20厘米，字迹清楚。

⑤ 该碑现位于洛阳下清宫内，碑高130厘米、宽75厘米、厚22厘米，青石岩，字径3厘米，字迹漫漶。

图四

明代万历辛丑混元道德洞石刻（拓片由下清宫住持张信铭提供）

清代嘉庆十八年（1813）《洛阳县志》载：“下清宫在县北五里，乾隆二年邑人马一鸿、李永吉修。”① 大清道光五年（1825）九月初九日吉旦立石《建立道房碑记》载有“闻之庙宇所以安神灵，而道房亦可以居住持。前者捐资募化，庙貌已新，缺少道房。今又约会同心捐而复化，新修道房五间，合将捐资姓名刻列贞珉，以志不朽……首事人王宗邵：捐钱十五千文；方克明：捐钱十五千文”② 等。清代咸丰九年（1859）《重修清元道德观碑》记载：“记也，创自上古传流至今，世远年灭，不可胜述。内有太上老君、三清神像，四栋金桩，闻茨墙屋倾颓焚，祝之余共为目。今本庙住持道人李合德邀请方善信公同商议，量力捐资，刻期两堂壁。神像焕然增光焉……列石以垂不朽。”③ 说明下清宫在明清两代多次进行过维修重建。

图五

清代咸丰九年《重修清元道德观碑》（拓片由下清宫住持张信铭提供）

---

① （清）魏襄修，陆继辂纂：《洛阳县志·珈蓝记·道观附》，清嘉庆十八年（1813）刻本，卷二十二。

② 该碑现位于洛阳下清宫内，碑高 40 厘米、宽 95 厘米，青石岩，字径 2 厘米，字迹漫漶。

③ 该碑现位于洛阳下清宫内，碑高 40 厘米、宽 77 厘米，青石岩，字径 3 厘米，字迹漫漶。

明、清两代下清宫（三官庙）虽多有修葺，但在民国二十六年（1937）七七事变之时，常受敌机袭洛，下清宫遭受巨大破坏，后“各界慈善信士，乐捐相助，倾囊投资，重修东西两廊，金塑神像，复修道德洞门”。下清宫庙门顶上有民国二十九年（1940）五月，綦至广道人书“古青牛观”[①]。

图六

民国二十九年五月《古青牛观》碑（拓片由下清宫住持张信铭提供）

民国二十八年（1939）《中华民国下清宫碑刻》[②] 记载：

盖闻天地间立大功者，莫于治国安邦，积大德者莫于重修庙宇，其二者皆为善政之道也。唯我洛邑北郊外，古有青牛观庙一座，内奉太上老君圣像，四方善男信女，凡有不予者，惠然肯来诚默祈祷，随时灵感，护国佑民。今以历年屡遭风雨损坏，举目难睹，交民国二十六年七七事变，常受敌机袭洛，人难安靖，日常民众防避于此。如遇风雨之期，神人皆有忧色。义举者，立弗容。缓各界慈善信士，乐捐相助，倾囊投资，重修东西两廊，金塑神像，复修道德洞门，刻已完工告竣。所有各善士捐助巨资，修葺工料花费开列于后，竖石表明以彰慈念永垂不朽。云而。

河南省立汴垣中学毕业生李之用撰文，张冠瀛书丹

住持道人綦至广率弟子马理贵、明理□立，民国二十八年吉旦。

---

① 该石刻现位于洛阳下清宫内，石刻长120厘米、宽40厘米、字径18厘米，青石岩，字迹清楚。

② 该碑现位于洛阳下清宫内。碑高150厘米、宽60厘米、厚15厘米，青石岩，字径4厘米，字迹清楚。

图七

民国二十八年（1939）《**“中华民国”下清宫碑**》（**拓片由下清宫住持张信铭提供**）

碑文反映了下清宫三个方面的史实：一是介绍了下清宫的历史地位及其影响。古代下清宫称“青牛观”，内奉太上老君圣像，四方善男信女“惠然肯来诚默祈祷，随时灵感，护国佑民”，在当地民众中具有众多信众和很高的影响力。二是民国二十八年维修下清宫的原因及遭遇日本敌机轰炸被损毁的情况。“历年屡遭风雨损坏，举目难睹，又遇民国二十六年（1937）‘七七事变’，常受敌机袭洛，人难安靖，日常民众防避于此”，使下清宫备受损坏，如果“再遇风雨之期，神与人皆有忧色”，下清宫亟待维修。三是各界人士给予下清宫更多的关注，并乐意相助，慷慨解囊，使下清宫得以修复。“各界慈善信士，乐捐相助，倾囊投资，重修东西两廊，金塑神像，复修道德洞门。”碑文在最后还介绍了刻字立碑的目的意图，即为了纪念各善士捐助巨资，修葺工料花费开列于碑文之后，竖石表明以彰慈念出资，以便流芳千古，永垂不朽。

林希逸《老子鬳斋口义》的思想特点及其历史影响*

胡瀚霆**

内容提要：在我国文化史的进程中，儒道二家既存在相互借鉴又存在互相排斥、攻击的现象。有宋一代理学兴起，理学家们对道家的批判尤甚以往，他们将老庄道家斥为异端之学。而《老子》作为道家核心经典，更是首当其冲。与之相反，南宋理学家林希逸继承理学艾轩一派的思想风格，公开接受道家思想，著有《老子鬳斋口义》一书，该书从情理与义理两方面入手调解儒道间的对立关系：在情理上，林希逸认为孔子确实师事老子，又为其“异端”之名号作辩；在义理上，林希逸提出《老子》思想“皆不畔于吾书”这一老儒关系的总论调。林希逸《老子鬳斋口义》因其融合儒道思想、调和儒道关系的主要特征，获得了后世儒家学者与道门人士的重视，受到不少学者的推崇，其在老学史上的影响不容忽视。

关键词：林希逸　《老子鬳斋口义》　儒道融合　历史影响

一、引言

林希逸（1193—1271），字肃翁，号鬳斋，又号竹溪、献机，南宋理学家。《闽中理学渊源考》载其“师事陈藻，藻之学出于林亦之，亦之出于林光朝，其授受远有源委”①。林希

* 本文系国家社会科学基金重大项目《百年道家与道教研究著作提要集成》（批准号：14ZDB118）的阶段性成果。

** 胡瀚霆，四川大学道教与宗教文化研究所2015级博士研究生。

① （清）李清馥撰，徐公喜、管正平、周明华点校：《闽中理学渊源考》，南京：凤凰出版社2011年版，第137页。

逸的《老子鬳斋口义》《庄子鬳斋口义》《列子鬳斋口义》收录于《道藏》之中，在道家[①]的老庄列学思想史上占有一席之地。后世学人集结林希逸的三本《口义》，称之为“三子口义”。“三子口义”流传到海外并产生了很大的影响，尤其在日本、韩国、朝鲜的影响远超国内。目前学界对林希逸的研究并不多，关于《老子鬳斋口义》的研究更是寥寥无几。林希逸曾在《老子鬳斋口义·发题》中指出：“若研究推寻，得其初意，真所谓‘千载而下知其解者，旦暮遇之’也。”[②] 由此可见，林希逸对老子思想的领悟非常之自信。笔者以《老子鬳斋口义》为文本依据，试以揭示林希逸《老子鬳斋口义》的思想特点及其历史影响。

老子是古典道家的创始人，司马迁《史记》载老子因周朝衰败，西出函谷关，应关令尹喜之请留下道德五千言，即《老子》，又称《道德经》。也就是在这一时期，诸子兴起，其中老子、孔子的学说为后世发扬成为中国文化中的主流。在我国文化史的进程中，儒道二家既存在相互借鉴又存在互相排斥、攻击的现象。在儒学发展到宋代时出现了“更新的儒家”[③] ——理学，北宋的理学家们尤其批判道家思想，斥老庄道家之学为异端。《程氏遗书》载：“杨、墨之害，甚于申、韩；佛、老之害，甚于杨、墨。杨氏为我，疑于仁。墨氏兼爱，疑于义。申、韩则浅陋易见。故孟子则辟杨、墨，为其惑世之甚也。佛、老其言近理，又非杨、墨之比，此所以害尤甚。”[④] 宋朝南渡后，林希逸继承理学艾轩一派的思想风格，公开接受道家思想，并以儒家学者的身份注解有着道家最高经典之称的《老子》，力图将儒道熔为一炉，调解二家的对立关系。

二、融合儒道的思想特点

林希逸作为理学家，他对《老子》的注解无疑是站在理学的立场，又因其作为艾轩一脉的继承者，公开接受道家思想，这使得他的《老子鬳斋口义》明显地带有调解儒道关系、融合儒道思想的特点。考察林希逸《老子鬳斋口义》，笔者发现，林希逸正是以道家最高经典《老子》为切入点，从情理与义理两方面出发，对儒道关系进行了一系列的调节与融合的工作，而此即是《老子鬳斋口义》的主要特点。

（一）情理上对老儒关系的调解

所谓情理上对老儒关系的调解，即是从人与人之间的感情上入手，和谐处理儒道二家的矛盾关系，消除双方的对立情绪，让儒道二家的学者们在内心的情感上互相产生好感与尊

---

① 著名道家学者詹石窗教授指出，从广义上看，道家具备了三大形态：一是原初道家，肇始于近五千年前，以黄帝为代表；二是古典道家，形成于公元前两千多年，以老子、庄子为代表；三是制度道教，诞生于东汉末，以张道陵为代表。

② （宋）林希逸著，黄曙辉点校：《老子鬳斋口义·发题》，上海：华东师范大学出版社 2009 年版，第 2 页。

③ 冯友兰先生在《中国哲学简史》中，将宋明理学称之为“更新的儒家”。

④ （宋）程颢、程颐著，王孝鱼点校：《二程集》第 1 册，北京：中华书局 1981 年版，第 138 页。

敬。林希逸的这一工作，主要是从以下两个方面入手。

1. 承认孔子师事老子

关于老子其人，历来众说纷纭。早在汉代，司马迁在《史记·老庄申韩列传》中即对老子生平概况作了描述，指出“老子者，楚苦县厉乡曲仁里人也，姓李氏，名耳，字聃，周收藏室之史也”①。《老庄申韩列传》中还记载了孔子曾问礼于老子、关尹请老子著书等事迹。又云“自孔子死之后百二十九年，而史记周太史儋见秦献公曰：‘始秦与周合，合五百岁而离，离七十岁而霸王者出焉。’或曰儋即老子，或曰非也，世莫知其然否。”② 从司马迁的口吻中不难发现，值西汉之时，就有关于老子的不同传说。同样，《孔子世家》记载鲁南宫与孔子适周，“鲁君与之一乘车，两马，一竖子俱，适周问礼，盖见老子云”③。《史记·仲尼弟子列传》也记载了孔子事师的情况，“孔子之所严事：于周则老子；于卫，蘧伯玉；于齐，晏平仲；于楚，老莱子；于郑，子产；于鲁，孟公绰”④。后世关于老子其人的各种说法，都是由此细绎出来。

在众多关于老子的说法中，有“孔子师事老子”一条，多为后世儒家“卫道”者否认。在唐代，以维护儒家道统自居的韩愈在《原道》中所说：“老者曰：‘孔子，吾师之弟子也。’……为孔子者，习闻其说，乐其诞而自小也，亦曰“吾师亦尝师之”云尔。亦曰：‘吾师亦尝师之’云尔。不惟举之于其，口而又笔之于其。噫！后之人虽欲闻仁义道德之说，其孰从而求之?”⑤ 韩愈在此即表达了对“孔子师事老子”这一说法的不满。再有，与林希逸同时代的“南宋三大学派”之“永嘉学派”集大成者叶适认为“孔子赞其（指老子）为龙，则是为黄老学者，借孔子以重其师之辞也”，并断言“教孔子者必非著书之老子，而为此书者，必非孔家所谓老聃，妄人讹而合之尔”⑥。

林希逸作为南宋理学代表之一，他在文献史料的基础上，提出了自己的看法。其在《老子鬳斋口义·发题》中指出：

> 老子姓李氏，名耳，字伯阳，以其耳漫无轮，故号曰聃。楚国苦县人也。仕周，为藏室史。当周景王时，吾夫子年三十，尝问礼于聃，其言屡见于《礼记》。于夫子为前一辈，《语》曰：“述而不作，窃比于我老彭。”太史公谓夫子所严事，亦非过与也……周室既衰，老子西游，将出散关。关令尹喜，知为异人，强以著书，遂著上下篇五千余言而去。⑦

---

① （汉）司马迁：《史记》第7册，北京：中华书局2014年版，第2603页。
② 同上书，第2607页。
③ 同上书，第2314页。
④ 同上书，第2658页。
⑤ （唐）韩愈撰，马其昶校注、马茂元整理：《韩昌黎文集校注》，上海：上海古籍出版社1986年版，第14页。
⑥ （宋）叶适：《习学记言序目》上册，北京：中华书局1977年版，第209页。
⑦ （宋）林希逸著，黄曙辉点校：《老子鬳斋口义·发题》，上海：华东师范大学出版社2009年版，第1页。

从以上引文中可知，林希逸并不同意韩愈的观点，更是迥异于与其同时代的叶适。林希逸认为“孔子师事老子”确有其事，并且以《礼记》中多有孔子问礼于老子的记载作为依据。这里值得考察一下的是，最早记录孔子问礼于老子的传世文献当属《史记》。而《礼记》则是由戴圣于西汉宣帝时编辑，时谓《小戴礼记》。《礼记》成书晚于《史记》，但林希逸不以《史记》作论据，笔者以为这与《礼记》在儒家经典中的分量大有关系。《礼记》在唐代被列为儒家“九经”之一，到宋代被列入“十三经”之中，为“三礼”之首。无疑，以儒家重要经典作为论证依据更能缓释儒家学者心中鄙视道家的心态，由此更有效地拉拢儒道关系。而韩愈所谓“为孔子者，习闻其说，乐其诞而自小也”的说法倒也不攻自破。

同时，林希逸认为老子确实长孔子一辈。对于这一点，林希逸是以孔子自己的话来作为论证依据的，即《论语》所载“述而不作，窃比于我老彭”。关于“老彭”一词有不同解释，依照林希逸的逻辑，“老彭”即是指老子与彭祖，孔子说“窃比于我老彭”即反映出老子长孔子一辈。在以《礼记》为依据确认孔子问礼于老子，又以《论语》为依据说明老子长辈于孔子之后，林希逸指明《史记》中“夫子所严事”，即孔子师事老子的记载并没有错。可见，林希逸对叶适所谓“教孔子者必非著书之老子，而为此书者，必非孔家所谓老聃，妄人讹而合之尔”这类观点也是不赞同的。

从以上的论述中，我们不难发现：林希逸以儒家学者身份，在儒家经典中寻找孔子与老子确有关系的证据，以此拉拢儒道二家的关系。而对于“窃比于我老彭”中的“老彭”当取何意，林希逸并不多做考证，这虽然并不严谨，但无疑体现出林希逸调和儒道关系的强烈意愿。

2. 辩解“异端”名号

理学是将本体论与儒家伦理相结合，并以天理为其最高哲学范畴的哲学体系。在这个哲学体系中，“天理”（理学家们又称之为“道”“理”）是儒学的根本标准，它是世界的本体、也是人伦的根据。二程指出天理“不为尧存，不为桀亡。人得之者，故大行不加，穷居不损。这上头来更怎生说得存亡加减。是它元无少欠，百理具备”①，又说“人伦者，天理也”②。因而，违背社会伦理思想的学说则被理学家批判为“异端”。程颐明言“道之不明，异端害之也”③。

在这一情况下，道家因其绝仁弃智、清静无为的主张与追求而成为理学家们抨击的主要对象。如二程批判老子说：“如杨子看老子，则谓‘言道德则有取，至如搥提仁义，绝灭礼学，则无取’……如老子言‘失道而后德，失德而后仁，失仁而后义，失义而后礼’，则自不识道，已不成言语。”④ 朱熹批判老子说：“老子是出人理之外。不好声，不好色，又不做

① （宋）程颢、程颐著，王孝鱼点校：《二程集》第1册，北京：中华书局1981年版，第31页。
② （宋）程颢、程颐著，王孝鱼点校：《二程集》第2册，北京：中华书局1981年版，第394页。
③ 同上书，第638页。
④ （宋）程颢、程颐著，王孝鱼点校：《二程集》第1册，北京：中华书局1981年版，第5页。

官，然害伦理，乡愿犹在人伦中。”[①] 在如此等等的批判中，老子思想被理学家们重重地扣了一顶“异端”的帽子。

对此，林希逸并不认同先辈理学家们对老子的批判，并为其“异端”名号进行辩解。他首先指出《老子》与儒家典籍不同的地方在于说得“太刻苦”，即“其所异者，特矫世愤俗之辞，时有太过耳”[②]。对于《老子》第十九章所言“绝圣弃智”“绝仁弃义”“绝巧弃利”等话语，林希逸认为：

> 此意盖谓文治愈胜，世道愈薄，不若还淳反朴，如上古之时也。此亦一时愤世之言。[③]

再如《老子》第六十五章载“古之善为道者，非以明民，将以愚之”，林希逸认为：

> 聪明道之累也。圣人之教人，常欲使之晦其聪明，不至于自累，故曰“非以明民，将以愚之”。“愚”字下得过当。[④]

亦如《老子》第六十六章载“是以圣人欲上民，必以言下之；欲先民，必以身后之”，林希逸认为：

> 以言下之，如曰“愚夫愚妇一能胜予”是也。以身后之，稽乎众，合己从人是也。圣人非欲上民、欲先民而后为此也。其意盖谓虽圣人欲处民上民先，犹且如此，况他人乎？语意抑扬稍过当耳。[⑤]

不难发现，对于理学家们的批判，林希逸从情感与语言的角度为老子开脱，认为老子不是一味追求出世而不理会社会人伦，其之所以会有“绝圣弃智”等言论，只是因为老子看不惯世道的败坏，因而“矫世愤俗”，其言语多有“过当”。因而，在林希逸看来，老子思想在本旨上不属于儒家所谓的“异端”之列。

（二）义理上对老儒思想的融合

关于《老子》思想与儒家思想的关系，林希逸在《老子鬳斋口义·发题》中明确提出：

> 若老子所谓无为而自化，不争而善胜，皆不畔于吾书。其所异者，特矫世愤俗之

---

① （宋）黎靖德编，王星贤点校：《朱子语类》第8册，北京：中华书局1986年版，第2988页。

② （宋）林希逸著，黄曙辉点校：《老子鬳斋口义·发题》，上海：华东师范大学出版社2009年版，第2页。

③ （宋）林希逸著，黄曙辉点校：《老子鬳斋口义》，上海：华东师范大学出版社2009年版，第21页。

④ 同上书，第71页。

⑤ 同上书，第72页。

辞，时有太过耳。[1]

林希逸这一段话，可以说是其对老儒关系的总论调。他认为老子所主张的“无为而自化”“不争而善胜”，与儒家经典的主旨是一致的，不同的仅是《老子》文辞中多带有矫世愤俗之意，有时言语表达得太过分了而已。

在林希逸《老子鬳斋口义》中，他对老儒关系的这一总论调有一套逻辑说明体系。我们可以从“什么是无为自化、不争善胜?”“怎样不畔于吾书?”“异在哪里?”三个方面进行具体考察。

首先，什么是无为自化、不争善胜？林希逸认为“无为自化”“不争善胜”是《老子》思想的主旨。

关于“无为自化”，《老子》第三十七章讲“道常无为，而无不为。侯王若能守，万物将自化”。第五十七章亦讲到“我无为而民自化”。众所周知，“无为”是老子哲学中最重要的一个观念，他是指顺万事万物之自然，不加以人为。需注意的是，这里的“人为”是指不必要的作为、妄为。万事万物顺本身之自然而发展，自我化育。这就是老子说的“道常无为而无不为”“万物将自化”。林希逸能抓住老子的这一关键，他指出“无为无不为，自然而然也。侯王若能守此无为之道，则不求化万物，而万物自化矣”[2]。

又，在注解《老子》第十章时，林希逸认为：

此章之意大抵主于无为而为，自然而然。无为自然，则其心常虚，故以神载魄而不以魄载神，此圣人之事，以魄载神则著述矣。老子一书，大抵只是能实而虚，能有而无，则为至道。纵说横说，不过此理。[3]

在注解《老子》第六十一章时，林希逸又谓：

（大者宜为下）此句乃一章之结语，其意但谓强者须能弱，有者须能无，始为知道。一书之主意，章章如此。[4]

在林希逸这里，虚、无即是“无为”；实、有即是“自化”“无不为”。他还指出“学道者当体此意，则必以能虚能无为贵”[5]。林希逸认为《老子》一书的主要意旨即是能实而虚、

---

[1] （宋）林希逸著，黄曙辉点校：《老子鬳斋口义·发题》，上海：华东师范大学出版社2009年版，第2页。

[2] 同上书，第40页。

[3] 同上书，第12—13页。

[4] 同上书，第66页。

[5] 同上书，第47页。

能强而弱、能有而无，即其所谓“无为自化”。

关于“不争善胜”，《老子》书中“不争”的观念，是基于其“柔弱”的主张。老子说：“弱者道之用。”（第 40 章）[①] 老子喜欢用水做比喻，他说“天下莫柔弱于水，而攻坚强者莫之能胜”（第 78 章）。“柔弱”的主张落实到具体行为，那就是“不争”。《老子》载：

> 上善若水。水善利万物而不争，处众人所恶，故几于道矣。居善地，心善渊，与善仁，言善信，政善治，事善能，动善时。夫惟不争，故无尤矣。（第 8 章）
>
> 夫唯不争，故天下莫能与之争。（第 22 章）
>
> 以其不争，故天下莫能与之争。（第 66 章）
>
> 善为士者不武，善战者不怒，善胜者不与，善用人者为之下。是谓不争之德，是谓用人之力，是谓配天，古之极。（第 68 章）
>
> 天之道，不争而善胜。（第 73 章）
>
> 天之道，利而不害；圣人之道，为而不争。（第 81 章）

老子的“不争”，不是让人无所作为，而是顺应自然，利益万物而不争，以“无为”至于“无不为”。林希逸明白老子的意图，理解老子说“无为”与“不争”的对应关系，因为他在指出“无为自化”是《老子》“一书之主意”后，又提出“圣人之道无为而无不为，而未尝自恃其有，故不与物争，而天下莫能与争。一书之意，大抵以不争为主”[②]。

因此，林希逸说“老子所谓无为而自化，不争而善胜，皆不畔于吾书”，实质上就是主张老子的本旨与儒家思想是相同的，他试图在儒老思想的根本意义上将二者调和起来。

其次，《老子》一书的主旨：无为而自化，不争而善胜，怎么就不畔于吾书呢？

在林希逸看来，《老子》所谓无为而自化、不争而善胜，即是能有而无、能实而虚。这也就是《老子》所言之“功成而不居”。且看林希逸在注解《老子》第二章讲“万物作焉而不辞，生而不有，为而不恃，功成而不居。夫惟不居，是以不去”时，谓：

> 此章即“有而不居”之意……圣人以无为而为，以不言而言，何尝以空寂为事，何尝以多事为畏，但成功而不居耳。如天地之生万物，千变万化，相寻不已，何尝辞其劳？万物之生，盈于天地，而天地何尝以为有？如为春为夏为生为杀，造化何尝恃之以为能？故曰“生而不有，为而不恃”。其意只在于“功成而不居”，故以“万物作焉而不辞”三句发明之。作，犹《易》曰“坤作成物”也。此即“舜禹有天下而不与”之意。

① （魏）王弼注，楼宇烈校释：《老子道德经注校释》，北京：中华书局 2008 年版。本文所引《道德经》原文皆出此书。

② （宋）林希逸著，黄曙辉点校：《老子鬳斋口义》，上海：华东师范大学出版社 2009 年版，第 85 页。

自古圣人皆然，何特老子。但老子说得太刻苦，所以近于异端。“夫惟不居，是以不去”，言有其有者不能有，而无其有者能有之，此八字最有味。《书》曰：“有其善，丧厥善。”便是此意。[①]

林希逸在这里指出老子的思想不“以空寂为事”，亦不“以多事为畏”，老子同儒家思想一样，是主张建功立业的。在此基础上，老子提出“功成而不居”。林希逸认为，老子所谓“功成而不居”，也不是老子所特有的思想，儒家“舜禹”等先圣，自古就有与老子相同的主张。因而，《老子》的思想主张与儒家圣人是一致的，这就是其“皆不畔于吾书”的地方。林希逸在指出《老子》不畔于“吾书”的同时，也指出了《老子》之所以被指为“异端”是因为说的“太刻苦”，即“其所异者，特矫世愤俗之辞，时有太过耳”。这也就回答了“异在哪里?”的问题。

总言之，林希逸确认了老子与孔子的师徒关系，从情感上缓和释儒道间的对立情绪，并为《老子》被儒家学者所冠的“异端”之说进行正名。在义理上，林希逸提出《老子》“皆不畔于吾书”这一老儒关系的总论调，并为之论证说明。对于以往儒家学者对《老子》的偏见之辞，林希逸则认为是“读者未得其所以言”[②]，没能对老子的“愤世”之情予以同情的理解，不懂得《老子》文辞言语中“过当”的特点，因而“以其借谕之语，皆为指实言之，所以未免有所贬义”[③]。

三、兼涉儒道的历史影响

以儒释思想注解《老子》，融三教思想为一炉，这样的解《老》方式自唐以来已成风气。唐初道士成玄英援佛释《老》，以此探讨心性、情理等问题。唐末道士杜光庭作《道德真经广圣义》，以三教思想释《老》，其“所释之理，诸家不同。或深了重玄，不滞空有；或溺推因果，偏执三生；或引合儒宗；或趣归空寂。莫不并探骊宝，竞援珠玑”[④]。北宋王安石父子亦是以儒道汇通的方式注解《老子》，将其纳为经世政治之学。苏辙的《老子解》更是“明显地带有融汇佛儒思想于道家的特点”[⑤]。就连宋徽宗在其《御解道德真经》中也是力图融通儒道。就老学史上来说，林希逸的《老子鬳斋口义》承袭了以儒释思想解《老》的风气，又凸显了融合儒道思想、调解儒道关系的特点，这对后世老学的发展产生了一定的影响。而正因其力图融合儒道的主要特点，林希逸的《老子鬳斋口义》尤其为后世儒家学者与

① （宋）林希逸著，黄曙辉点校：《老子鬳斋口义》，上海：华东师范大学出版社2009年版，第3—4页。
② （宋）林希逸著，黄曙辉点校：《老子鬳斋口义·发题》，上海：华东师范大学出版社2009年版，第2页。
③ 同上。
④ （唐）杜光庭：《道德真经广圣义》，《老子集成》第2卷，北京：宗教文化出版社2011年版，第3页。
⑤ 熊铁基，马怀良，刘韶军著：《中国老学史》，福州：福建人民出版社2005年版，第349页。

道门人士重视。儒家以治国平天下为己任，历史上的科举官员都是儒士出身，因此，本文即将科举官员们归为儒家学者一类，道门人士则专门指明。以下我们按历史顺序举例论述。

南宋刘辰翁《老子道德经评点》。刘辰翁是南宋著名的爱国词人，景定三年（1262）登进士第。他是最早引用与评点林希逸《老子鬳斋口义》的学者，他的《道德经评点》即是针对《老子鬳斋口义》所作。《道德经评点》不仅有刘辰翁的评点内容，而且每章都照录《老子鬳斋口义》原文。从该书的评点内容来看，刘辰翁基本认同《老子鬳斋口义》中的观点，甚至在某些章节中，只录《老子鬳斋口义》的内容，并不发表意见。而刘辰翁的大部分评点，可以说是对林希逸《老子鬳斋口义》的补充与发挥。刘辰翁对林希逸的观点也有批评，例如在注解《老子》第四章“道冲而用之或不盈。渊乎似万物之宗”一句时，林希逸曰：“万物之宗，即庄子所谓‘大宗师’也。”[①] 刘辰翁则认为：

> 冲字形容道字最妙。至微至弱，如一缕之息，愈用而愈积，无盈时。此道字与气字合，皆非偶然。《训故》此宗字又岂可与《大宗师》同日而语哉？林盖无见于此。[②]

对于刘辰翁对林希逸《老子鬳斋口义》的批评，清代黄文莲在其《老子道德经订注》中对此指出：“愚按，刘氏每以林解为非，而不知此处所解亦误。”[③] 而我们暂且不论刘辰翁批评之正误与否，但看其在众多注《老》作品中，独取林希逸《老子鬳斋口义》，足以得见《老子鬳斋口义》在彼时的影响。

明代刘惟永《道德真经集义》。刘惟永是宋元之际的道士，他与丁易东合作，搜罗历代七十八家解《老》之精华，加以考校集成《道德真经集义》。该书虽列举各家，但每章必举“林鬳斋”。书中有张与材“跋”曰：“若仙、若儒、若释，若隐、若显，以至鸾笔恍惚微妙之辞，亦所不弃。”[④] 而林希逸的《老子鬳斋口义》即是其中“若儒”之代表，该书开篇即引石潭曰：“《老子》之解者多矣，以学儒者解之，多以儒之所谓道者言之，若程泰之、林竹溪之类是也。”[⑤]

明代初期，州道纪司官员危大有汇集河上公、林希逸等十二家《老子》注释，集成《道德真经集义》一书。该书有道教第四十三代天师张宇初作序，认为老子《道德经》内则葆炼存养，外则修齐平治。危大有在张的观点上进一步认为《道德经》“非特道经之祖也，三教诸经，亦岂外此二别有其理哉”[⑥]。对于该书的编纂，张宇初《序》曰：“古今注疏凡百余

---

① （宋）林希逸著，黄曙辉点校：《老子鬳斋口义》，上海：华东师范大学出版社 2009 年版，第 6 页。
② （宋）刘辰翁：《老子道德经评点》，《老子集成》第 5 卷，北京：宗教文化出版社 2011 年版，第 111 页。
③ （清）黄文莲：《老子道德经订注》，《老子集成》第 9 卷，北京：宗教文化出版社 2011 年版，第 756 页。
④ （明）刘惟永：《道德真经集义大旨》，《老子集成》第 5 卷，北京：宗教文化出版社 2011 年版，第 423 页。
⑤ （明）刘惟永：《道德真经集义》，《老子集成》第 5 卷，北京：宗教文化出版社 2011 年版，第 145—146 页。
⑥ （明）危大有：《道德真经集义》，《老子集成》第 6 卷，北京：宗教文化出版社 2011 年版，第 32 页。

家，各持其见，而必以辞理该贯者为善，苟理塞义晦，辞虽工无取焉。”[①] 由此采拾诸注的标准来看，从百余家注解中挑出十二家，而林希逸《老子鬳斋口义》占其中之一，可见林氏解《老》的影响不小。

此一时期，又有道士何道全的《太上老子道德经》。何道全，号无垢子，又号松溪道人。其《太上老子道德经》是采用集注的形式，收录前人注解之作。林希逸的《老子鬳斋口义》即在该书的收录之中。再有，明代官员、散文家归有光（嘉靖十九年举人，嘉靖四十四年进士）在其《诸子汇函》之《老子汇函》中亦采拾了林希逸《老子鬳斋口义》。明朝官员、著名学者焦竑（万历十七年状元），在其所编纂的《新锲翰林三状元二十九子品汇释评》中同样选取了林希逸《老子鬳斋口义》，每每引称“林希逸曰”。明朝官员徐学谟（嘉靖二十九年进士）的《老子解》，每章末援引诸家解《老》之说，其中同样包括林希逸《老子鬳斋口义》。

有明一代，还有两本以林希逸《老子鬳斋口义》为主的注《老》之作，即赵统的《老子断注》与郭良翰的《老子道德经荟解》。赵统是嘉靖十四年进士，官至户部郎中，后被人诬陷入狱达二十五年。赵统在《老子断注自叙》中阐明了其对《老子》及其注本的认识与《断注》的目的：

> 统寡陋，久殚患难，仅见河上公及林鬳斋二家注耳。河上公不知为谁，或安期韩众之徒与，其注赝而无谓，其《圣纪图》记其跃空之辞，尤为鄙俚野语。若林注则多所发明。统因参为断注，又多为之博引群书，相质相形，以为之段。非欲援老而入儒，正欲后学因儒而不异老子耳。[②]

从赵统的《自叙》中可以看出，其注《老》的参考文献是有限的，其中他注重林希逸的《老子鬳斋口义》，对河上公的注解则持鄙夷的态度。就其《断注》的目的来说，即是“非欲援老而入儒，正欲后学因儒而不异老子耳”。不难发现，赵统站在儒家立场上解读《老子》，他继承了林希逸“老子不畔于吾书”的观点，力辩老子与儒家思想本不相异。而其《老子断注》也以《老子鬳斋口义》为主要参考。

郭良翰，福建莆田人，郭应聘（嘉靖二十九年进士，官至南京兵部尚书，参赞机务）之子，万历中以荫官太仆寺寺丞。郭氏所著《道德经荟解》采拾了苏辙、林希逸、严君平等人的解《老》之文荟于一册。该书主张老子《道德经》之宗旨重在精于用世治国，并非守道隐德。郭良翰对林希逸《老子鬳斋口义》特别推崇，其《道德经荟解凡例》指出：

---

① （明）危大有：《道德真经集义》，《老子集成》第 6 卷，北京：宗教文化出版社 2011 年版，第 31 页。

② （明）赵统：《老子断注》，《老子集成》第 6 卷，北京：宗教文化出版社 2011 年版，第 506 页。

注大抵以林鬳斋《口义》为准，其有发挥未尽、意指稍颇者，别采名公精解，附以肤见，要于洞徹章旨而止。

是经古今解者，无虑百十家，由汉晋历宋迨明，苏子由与林希逸最著，诸如严君平、王辅嗣、鸠摩罗什、陆希声、李约、司马君实、陆师农、吕吉甫、王元泽、李息斋、刘须溪、王纯甫、邵若愚、吴幼清、乘俱，近之焦弱候、李宏甫、陶周望、张明成诸家，皆根极玄与，并摘其议论之有发明者录之，单词只语有裨训诂，弁入注中，吉光片羽不忍遗也。[①]

以上引文对林希逸《老子鬳斋口义》给予了很高的评价：首先是将《老子鬳斋口义》作为注《老》的标准应用在《道德经荟解》之中；其次又指出在古今解《老》的百十家注中，苏辙与林希逸为最著名。且不论郭氏所言真实与否，但就其对《老子鬳斋口义》的尊崇态度来看，即可见得林希逸对其影响之大。

清政府统治时期，国人思想普遍僵化，老学研究受考据之风的影响表现为此时期的老学著作主要是对《老子》之书进行考证。因学术风气与有宋一代差距较大，所以林希逸《老子鬳斋口义》在此一时期的被关注与援引程度也随之下降。大环境虽如此，但《老子鬳斋口义》的影响依旧是存在的。顾如华（顺治六年进士）、孙承泽（明崇祯四年进士）的《道德经参补注释》即是其中之一。该书卷首收录十五种《道德经》注本的序言，即包括林希逸《老子鬳斋口义发题》，在全书正文中每章必引林希逸《老子鬳斋口义》。此外，还有黄文莲（乾隆十五年举人，官泌阳知县）撰《道德经订注》，黄氏此书对林希逸《老子鬳斋口义》也多有引用与评论，例如前文已提及的其对刘辰翁批评林希逸的再批评。

通过以上对老学史的梳理，我们大体明晰了林希逸《老子鬳斋口义》在后世解《老》著作中被儒家学者与道门人士的引用情况。他们或是集取《老子鬳斋口义》中的原文，或是发展与批判《老子鬳斋口义》中的思想观点。总的来说，林希逸《老子鬳斋口义》因其融合儒道思想、调和儒道关系的主要特征，获得了后世儒家学者与道门人士的重视。正是因其对于儒道的开放性与包容性，而获得了不少学者的推崇，也由此得见林希逸《老子鬳斋口义》在老学史上所产生的重要影响。

四、结语

综上所述，理学家林希逸以道家最高经典《老子》为切入点，从情理与义理两方面出发，对儒道关系进行了一系列的调节与融合的工作。在情理的角度上，林希逸不仅从儒家经典中寻找老子与孔子确有关系的证据，承认孔子师事老子；还从情感与言语的角度为《老

① （明）郭良翰：《道德经荟解》，《老子集成》第7卷，北京：宗教文化出版社2011年版，第341页。

子》的“异端”名号作辩解。在义理的角度上，林希逸提出《老子》的思想主旨“皆不畔于吾书”这一老儒关系的总论调，力图在儒老思想的根本意义上将二者调和起来。林希逸为拉拢儒道关系的这些努力，形成了《老子鬳斋口义》的思想特点，这也使得《老子鬳斋口义》在老学史上产生了一定的影响，在一定程度上调和了儒道间的矛盾，促进了儒道间的交流。

论道教对武侠文化发展的渗透

冉顶平　孔含鑫*

内容提要：武侠文化对侠客的神化，一方面是其自身世俗化的需要，另一方面也是受道教神仙思想的影响。武侠文化在文学化的过程中，其“武”被神化的根据在于道教之“术”，包括外丹学、内丹学、符箓方术等。武侠文化还广泛吸取了道家道教的政治理想、辩证思维、遁世逍遥等哲学思想和伦理精神，显示出浓烈的“道”文化气质。道教融合于武侠，让武侠文化在历史上以文学的形式繁荣了起来，而且丰富了其人文内涵。武侠文化应以去“武”取“侠”的形式得到弘扬。

关键词：道教　武侠文化　神仙思想

中国的武侠文化源远流长，肇始于春秋时期“士”阶层的文武分殊，成型于战国，至宋以后，武侠文化日趋世俗化。武侠文学是武侠文化的派生物，其中武侠小说历经了古典武侠小说、旧派武侠小说、新派武侠小说三个发展阶段。武侠文化在发展演变的过程中，与儒、释、道文化关系密切，同时也从中汲取优秀的文化内涵，用以建构、优化自己的文化系统。其中，道教文化对武侠文化的结构塑造具有举足轻重的作用。鲁迅说：“中国的根柢全在道教。”① 武侠文化作为中国民间的一种极具生命力的文化事相，自然与道教关系甚密。我们在此对其进行梳理，希望能够在纵深把握武侠文化特质的基础上，找到一条传承和弘扬“侠”文化的可行途径。

---

* 冉顶平，云南民族大学宗教学硕士研究生。孔含鑫（孔又专），四川大学宗教学博士，湖南师范大学教育学博士后，云南民族大学副教授。

① 鲁迅：《鲁迅全集》第11卷，北京：人民文学出版社1981年版，第353页。

一、道教神仙学与侠客的神化

《史记·太史公自序》这样定义“侠”：“救人于厄，振人不赡，仁者有乎；不既信，不倍言，义者有取焉。”[①] 并在《游侠列传》中进一步指出：“今游侠，其行虽不轨于正义，然其言必信，其行必果，已诺必诚，不爱其躯，赴士之厄困，既已存亡死生矣，而不矜其能，羞伐其德，盖亦有足多者焉。”[②] 可见，侠的基本特征是“疏财济贫，助人为乐，一诺千金，不图报答，忠于知己，爱惜名誉，舍身求义，视死如归”[③]。这种“重侠轻武”的叙述模式自然是受了儒家“不语怪力乱神”（《论语·述而》）及法家“侠以武犯禁”（《韩非子·五蠹》）思想的影响。事实上，谈“侠”是避不开“武”的，“侠”是“武”的伦理指向，“武”是侠的实现途径。然而随着武侠文化的世俗化和文学化，其“武”的成分逐渐凸显出来，并称为“武侠”。

武侠文化之“武”，大概经历了早期勇力竞技、隋唐剑仙、明清神魔法术，到近代所谓“特功异能”的衍化历程。这其中有一条贯穿其始终的演化线索，那就是对侠客之“武”的神化。现实的侠义行为的思想和行为，只是武侠文化的一个侧面，另一个更为丰富多彩的方面就是它恒常性地作为一种“幻想”存在于人们的精神世界之中。人们对“侠”的向往类似于一种宗教的崇拜心理，对“武”的想象则表现为一种神话的浪漫情怀。“中国大众文化中的剑侠形象……具有除暴安良的超凡入神的本领，带有某种世俗化的神秘色彩；侠义品格所体现的神圣的社会正义原则又使得信仰的产生有了依据。因此，大众文化中的剑侠，实际上已成为中国平民社会特有的佩剑的‘民间神’。”[④]

对于普通民众而言，“侠”是其向往自由的体现，具有一定的超越性，而“武”便成为其无限放大的要素。根据文化发生学，民众对“武”的发挥以及对侠客的“神”化不可能是无源之水、无本之木的纯粹想象，而是有规律可循的。马克思在《〈政治经济学批判〉导言》中说：“任何神话都是用想象或借助于想象以征服自然力、支配自然力，把自然力加以形象化。因而，随着这些自然力的实际上被支配，神话就消失了。”[⑤] 若把这一原理推广到现实社会中，便知人为宗教的产生，就是人在社会关系中“不平等”的直接结果：人们要求神灵对其进行拯救，以达到自由之目的。同样，无论是现实中的侠义行为，还是民众对侠客的幻想倾慕，其背后的动机基础均是不平等的社会关系：他们期许侠客以超人的本领惩恶扬善、锄奸扶弱，在实际或想象中消除这种不平等。由此可知，宗教和武侠产生的社会根源，以及

---

① （汉）司马迁：《史记》第10册，北京：中华书局1959年版，第3318页。

② 同上书，第3181页。

③ 曹正文：《中国侠文化史》，上海：上海书店出版社2014年版，第5页。

④ 陈山：《中国武侠史》，上海：三联书店上海分店1992年版，第268页。

⑤ 中共中央马克思恩格斯列宁斯大林著作编译局：《马克思恩格斯选集》第二卷，北京：人民出版社2012年版，第711页。

他们对“人”的神化，确实具有一定的同构性。

中国的神仙思想在先秦时就已蔚然成风，但那时慕仙、求仙还多限于统治阶级和知识分子之内。东汉末年，道教产生，广泛吸收了古已有之的神话、神仙人物，由此神仙思想在道教的改造下得到了更进一步的繁荣发展，并开始走向民间，成为民众的保护神。中国道教不像西方宗教那样狂热地追求彼岸世界，而是显示出极大的世俗性、功利性和目的性。特别是于民间道教而言，人们对神灵的祈求，多是希望其赐福、攘灾、解厄，以满足世俗生活的需要。神仙的一个重要特征就是富于神通变化，《抱朴子内篇·遐览》：

> 其变化之术，大者唯有《墨子五行记》，本有五卷。昔刘君安未仙去时，钞取其要，以为一卷。其法用药、用符，乃能令人飞行上下，隐沦无方，含笑即为妇人，蹙面即为老翁，踞地即为小儿，执杖即成林木，种物即生瓜果可食，画地为河，撮壤成山，坐致行厨，兴云起火，无所不作也。其次有《玉女隐微》一卷，亦化形为飞禽走兽，及金木玉石，兴云致雨方百里，雪亦如之，渡大水不用舟梁，分形为千人，因风高飞，出入无间，能吐气七色，坐见八极，及地下之物，放光万丈，冥室自明，亦大术也。①

道教神灵对人世的干预，便是通过这种“神通法术”发生作用的。我们据此反观武侠文化，不仅可知侠客与神仙对民众的影响模式类似，而且从一定程度上说，侠客成为“民间神”本身就是神仙形象世俗化的结果。

唐代传奇小说写剑侠复仇的手段大致亦有隐身术、剑术、飞行术、幻术、化尸术等，其根本的来源就是道教的神仙学说。至近代武侠作家还珠楼主，更是把侠客写得具有通天彻地之能。这些都极大地拓展了民众幻想的思维空间，使其在一种以巨大神通施行以暴抗暴的武侠行为中获得了胜利的满足。

以上就民众神化武侠之“武”的社会根源，以及其与道教神仙神通的关系作了一番梳理，从而揭示出了神仙和侠客具有同质同构的文化内涵。道教神仙信仰与武侠看似是两个毫不相干的文化体系，其实渊源甚深。那么，它们是怎样产生联系的呢？这就需要把它们放在社会历史中去，以各自的演变形态为基点来探讨它们相互影响、相互融合的实际情况。纵观整个道教发展史，大约经历了一个从民间到官方、再从官方到民间的过程，而武侠文化自产生以来便渐趋世俗化和文学化，最后也完全融入了民间。笔者以为，道教和武侠世俗化后共同所在的民间社会正是它们融合的最终结合点，且道教神仙思想对武侠之“武”的神化具有直接的催化作用，因为只有生活在最底层的劳苦大众，才最需要“神”和“侠”的救助，才能促成他们在想象中完成对邪恶困苦的精神胜利，并进而夸大侠客的武功。

于是，“神仙”“武侠”相互吸收，相互影响，出现了“同化”现象。这主要表现为“侠

---

① 张松辉译注：《抱朴子内篇》，北京：中华书局2011年版，第615—616页。

客神仙化”和“神仙侠客化”两个方面。首先，人们极力渲染侠客诛暴惩恶时所使用的神奇武功，不仅能飞檐走壁，而且能隐身遁形、夜行千里；另一方面，很多具有侠义品格的道士也被民众在口头传说中神化。其次，道教神仙人物亦从天上降临到人间行侠仗义，其中最具代表性的就是“八仙”：“具有游侠特征的八仙，浪迹人世，匿真隐形，有时又于突兀中施逞神力，出来济困扶危，惩罚邪恶，主持人间正义，给黑暗王国带来一线光明。”[①]

二、道教之“术”与侠客之“武”

道教于武侠文化，不仅表现在神仙思想对“民间神”的塑造上，对于侠客何以能成为“民间神”，即武侠之“武”何以可能被妖魔化，更是具有广泛而深刻的影响。元以后，官方道教逐渐衰落，众神走向民间为侠，为通俗文学、民间文学打开了广阔的创作空间。作为以武力行侠仗义的侠客，总是想方设法地提高自身的武艺；另一方面，武侠文学化以后，民众不仅不再满足于对“侠义”精神的超越，而且还迫切需要改造侠客的武功，以丰富幻想。而此时，道教的神秘法术就为其送去了宝贵资源。由此，道教经籍上关于服食外丹、修炼内丹、符箓方术等“术”的叙述便成了民众发挥想象的根据。

魏晋至隋唐是服食金丹大药以成仙的鼎盛时期，嵇康在其《仙游诗》中说：“授我自然道，旷若发童蒙。采药钟山隅，服食改容姿。”[②] 后世写学道炼剑者，往往是先服食一仙丹灵药，使身体骤然获得某些先天具备的神异素质，而后才在此基础上苦练[③]。《唐传奇·聂隐娘》载：“尼与我药一粒，兼令长执宝剑一口，长二尺许，锋利吹毛，令剸逐令二女攀缘，渐觉身轻如风。一年后，刺猿猱，百无一失。后刺虎豹，皆决其首而归。三年后，能飞，使刺鹰隼，无不中。剑之刃渐减五寸，飞禽遇之，不知其来也。”[④] 聂隐娘服食老尼赐予的“药”以后，不仅实现了武功速成的目的，而且对飞行术、变形术亦大有裨益。后世武侠小说延续并发展了这一叙述模式。如《西游记》中孙悟空偷吃的蟠桃园的蟠桃、老君的金丹、五庄观的人参果，以及金庸武侠小说《神雕侠侣》中杨过吃的蛇胆，都属于服食外丹的范畴。后世科学验证，经过烧炼铅汞而成的金丹，对人体是不利反害的；相反在炼丹过程中总结出的一些医学草药知识，对人体却有强身祛病、延年益寿的作用，从一个侧面促进了我国养生术和医药学的发展。

然而，丹药却只能给予人“半仙”之体，武功的最终习成还要经过苦练打熬的漫长过程。这就把侠客和神仙、鬼怪从根本上区分了开来。侠客毕竟是人，不是真正的神，侠客只能在特功异能上与神仙无限接近。在世俗生活中，侠客和普通人没有区别，超凡神通必须经

---

① 刘守华：《道教与中国民间文学》，北京：中国友谊出版公司2008年版，第129页。

② 殷翔，郭全芝注：《嵇康集注》，合肥：黄山书社1986年版，第34页。

③ 王立：《武侠文化通论》，北京：人民出版社2005年版，第7页。

④ （唐）裴铏著，周楞伽注：《裴铏传奇》，上海：上海古籍出版社1980年版，第22页。

过脚踏实地的努力才能获得。这与中国文化精神，或者说道教精神是相符的。道教成仙方法从服食外丹到修炼内丹的转变，正是人的世俗积极性的有力体现。

道教的内丹学，与阴阳五行、星相八卦、医学易理有着千丝万缕的关联，其主要是通过存思、冥想、食气、导引、辟谷、房中术等一系列繁复博杂的方法，实现筑精固精、炼精化气、炼气化神、炼神还虚的境界进阶。道教认为万物由“元气”构成，分为阴阳二气，人通过调和二气平衡，就能固本还原，并进而达到“元神出窍”的目的。无论最终能否成仙，但关于“固精养气”的说法却是可以实证的，具有强健筋骨的功效。其实，这一套理论“实际上就是中国传统气功的理论基础”①。在武侠文学的描述中，刀、枪、棍棒、拳脚等这类外显的武技退居到了次要位置，取而代之的是气功。“武功的修炼讲究外练筋骨皮，内练一口气。这口气就是内功，或者叫作内力、真气等。武侠中人的内功不是天生就有的，它是后天慢慢修炼而成，通过打坐以及吐纳引导之术修成，或者继承别人的内力。这一条内功的修炼之道则来自于道教中的养气、炼气等气的培养。”② 特别是在近代武侠小说中，气功可以说从根本上决定了一个侠客武艺的高低，他们通过长年累月的修炼，在下丹田中存储“气”，并以行气的方式，打通相关穴位关窍，使气在周身筋脉中运行自如，适时掌控，动武时只需运气以配合象征性的招式进行攻击或抵抗便可。

道教内丹学是神化侠客武功的直接根据，这在明清以来的武侠小说中随处可见。“明代《封神演义》中有许多关于内丹学的内容，其作者显然也对内丹学有较深入的了解，以至海外学者柳存仁先生经过考证认为其作者就是著名道教内丹家陆西星……近代武侠小说作家还珠楼主同样对内丹学有所研究，其著作《蜀山剑侠传》中对不少剑仙、侠客的非凡本领的描写显然是在内丹学理论基础之上加以改造而成。现代新派武侠小说代表人金庸先生更是直接把著名道教内丹家王重阳、丘处机、张三丰等搬进其小说中，使他们成为一代大侠或武学宗师。”③ 总之，“内丹在侠客武库里具备核心原型的位置”④。

符箓方术，秦汉时就已普遍流行。《淮南子·本经训》：“昔者仓颉作书，而天雨粟，鬼夜哭。”许慎注说：“鬼恐为文书所劾，故夜哭也。”⑤《庄子·天下》：“天下之治方术者多矣。”成玄英疏：“方，道也。自轩顼已下，迄于尧舜，治道艺术方法甚多。”⑥ 后来，这种符箓方术被道教吸收，并在魏晋以来的道教学者的修饰整理下形成了体系化的修仙之法和规制严谨的斋醮科仪。另一方面，道教符箓派还与民间巫术进行融合，在底层社会得到了蓬勃发展。总的来说，道教的符箓方术包括符篆、咒术、手印、禹步、雷法、隐形法、分身法、

① 韩凤月：《浅析道教内丹术与中国传统气功的关系》，《广州体育学院学报》1997 年第 2 期，第 84 页。
② 冯知明：《道教与武侠》，《武当》2009 年 8 月总第 228 期，第 31 页。
③ 郭健：《道教内丹学与中国文化关系析略》，《宗教学研究》2005 年第 1 期，第 9—10 页。
④ 郑保纯：《武侠文化基本叙事语法刍议》，《西南大学学报（社会科学版）》2013 年第 6 期，第 106 页。
⑤ （汉）刘安著，（汉）许慎注，陈广忠校点：《淮南子》，上海：上海古籍出版社 2016 年版，第 180—181 页。
⑥ （晋）郭象注，（唐）成玄英疏：《庄子注疏》，北京：中华书局 2011 年版，第 554 页。

占卜、风角、星算、三棋、九宫、八卦、龟策、望气、占梦、推命、看相、堪舆风水、术数、奇门遁甲、乘矫、扶占、降莺等，其中尤以符篆、咒语为要。“道教以符篆为沟通人神之间关系的信息渠道，认为符篆是意念与精气的载体，是天地变化、气运流转的记录卡，因此具有召神勤鬼、镇邪扶正、炼化成真的神奇作用。”① 据《金莲正宗记》记载，东华帝君在终南山传授钟离权神符、秘书、金丹秘诀及制服恶鬼、恶灵的青龙剑法，后在庐山偶遇吕洞宾，又授其天遁剑法②。武侠文学借鉴的正是这样一种神秘法术，而侠客们动武时仅须掌握驱动法术的咒语及相应动作仪式即可。

这种从道教符箓禁咒衍化而来的神秘法术，对武侠文学影响巨大。“道教开拓了唐代豪侠小说的想象空间，特别是道教方术启发了武功技法及幻术神器的想象力，小说主人公飞身隐遁，神出鬼没、大异常人，这样就为后代武侠小说出神入化的武功描写开拓了无限的空间。”③ 明清神魔小说《西游记》《封神演义》中有关“斗法”的叙述，就几乎都伴随着符箓禁咒。近代武侠作家还珠楼主的在“蜀山剑侠传”系列小说中，更是把符箓驱法、咒语驭剑描写得淋漓尽致。当然，中国武术的发展，以及武术理论的建立，也为武侠文学注入了一股新鲜血液，特别是与民间符箓派道教相结合，就更增加了武侠小说描写武功、武打的神秘性和浪漫性。“民间宗教与武术的结合，不仅为武术的发展提供了最深厚的土壤，而且为武侠文化的流布提供了广阔的社会空间。”④

三、道教哲学与武侠文化

以武抗暴以实现现世自由，是武侠文化的基本内核。无论是先秦时的游侠、两汉时的豪侠，还是武侠文化世俗化后出现的帮会、绿林武侠，以及文学形式的“幻想武侠”，不仅都表现为一种对个人自由的追求，而且还有着幻想实现社会平等的深层文化因子。虽然，现实中的侠客们对其所向往的“自由”具有一定的认识局限，但随着道教文化的渗透，特别是当武侠进入文学之后，民众却升华了对这种“自由”的理解。这其中，除了利用道教神仙思想及道术对侠客及其武功进行神化外，还广泛吸取了道家道教哲学，使武侠文化，特别是侠客的人格精神呈现出浓烈的“道”文化气质。

中国的武侠文化，其外在表现为行侠仗义、除暴安良、报怨复仇，显示出积极的入世品格。然而，其背后的行为动机却是希望以此实现社会公平、和平，又显示出强烈的超越性，这与道家道教的理想指向是一致的。春秋时老子有关于“小国寡民”论述，道教经典《太平经》亦有意构建一个太平盛世。“《太平经》的主要目的是解‘承负’，对个人而言是解脱自身的疾

① 李远国：《道教符篆与咒语的初步探讨》，《中国道教》1991年第3期，第23页。
② 笔者按：参见张继禹主编：《中华道藏》第47册，北京：华夏出版社2004年版，第31页。
③ 李昶：《道教与唐代豪侠小说》，《龙岩师专学报（社会科学版）》1996年第2期，第26页。
④ 谢惠蓉：《武侠文化兴盛的历史原因》，《北京体育大学学报》2005年第6期，第756页。

苦，对社会而言是谋求太平盛世。”① 从根本上说，人们信仰超验的神，以及道教企图通过一系列的“道术”而至神仙的自由境界，都是对现实压迫的一种控诉和反抗。而侠客，只是把这一理想的实现途径转向了现世而已，即以“替天行道”的实际作为，以期实现人间和平。道家道教的这一政治理想对侠客人格的提升影响深远，首先，作为“民间神”的侠客，自然应该具备“神”的品质，而不是像早期侠客那样仅仅注重个人名利、恩仇；其次，道文化与武侠文学融合以后，人们便在幻想中拔高了侠客的救世精神，从传统的“损己而益所为”② 上升到了可为“天下”而损己。近代新派武侠小说在当今民族大融合的社会历史背景下，塑造了大量关心天下生民疾苦的“侠之大者”，其中以金庸小说《天龙八部》中的萧峰最为典型。

“道法自然”是侠客练武、动武普遍遵循的伦理法则。道家奉老、庄为始祖，讲究清静无为、处下不争、因循自然、对立统一、逍遥自在。后世道教继承了这一系列的哲学观点，并在“术”上作了广阔发挥，主张“以术体道”，达到“天人合一”的无待境界。这对中国“隐士”文化的形成，具有决定性影响。侠客的武功修炼从本质上来说与道教的“术”是一体两面的，讲究以柔克刚、以静制动、后发制人。《老子》：“天下莫柔弱于水，而攻坚强者莫之能胜，以其无以易之。弱之胜强，柔之胜刚。”③ 《庄子·说剑》：“夫为剑者，示之以虚，开之以利，后之以发，先之以至。”④ 这些思想方法、指导原则、价值判断，成为后世武术理论的基础，特别是对于像太极、形意、八卦等拳种的理论建构具有深刻启示。而作为武侠文化的一种的武侠文学，同时受着道家文化和武术文化的双重影响，其思想观念自然贯穿在侠客的行为动向之中。这在唐宋以来的武侠小说里关于侠客修炼武功、临阵对敌的情节描写中，有着丰富的体现。

现实中的侠客，往往极其注重个人名声、尊严，显示出积极的入世品格。然而，出现在隋唐及以后的武侠小说中的侠客，却又有着一种轻灵含蓄、带有阴柔格调的人格精神。显然，这亦是道家道教文化渗入武侠文化的表现之一。首先，武侠文学中的侠客转变了古代侠客的“轻生”观念，不仅贵己之生，而且贵敌之生，杀孽太重便会被同道所轻视，这种对生命的尊重无疑是受了道教“贵生”观念的沁润。其次，真正的大侠对名、利的淡薄，也是道家道教恬淡无为、清心寡欲的文化内核在武侠文学中的折光；侠客们行侠仗义的精神支柱是对“侠义”的信仰，而非为了现实的名利之私，应该“事成拂袖去，不留身与名”（李白《侠客行》）。最后，侠客“处下不争”的混世哲学，也与“上善若水。水利万物而不争，处众人之所恶，故几于道”⑤ 遥相呼应。

武侠小说中侠客的“归隐”情结，亦是武侠文学的一个极为突出的叙述母题。侠客在复

---

① 孔令宏：《道教概论》，杭州：浙江大学出版社 2013 年版，第 45 页。
② （清）毕沅校注，吴旭民校点：《墨子》，上海：上海古籍出版社 2014 年版，第 167 页。
③ 张玉良：《老子译解》，北京：中国社会科学出版社 2008 年版，第 307 页。
④ 方勇译注：《庄子》，北京：中华书局 2010 年版，第 529 页。
⑤ 张玉良：《老子译解》，北京：中国社会科学出版社 2008 年版，第 48 页。

仇报主、功成名遂之后归隐山林，在本质上来说就是一种逍遥精神，是侠客追求个性自由的人生价值取向。毫无疑问，武侠作家为武侠文化注入的这种新元素，明显移植于道家道教文化，唐代“女侠小说的‘遁隐情节’与道教文化的崇尚逍遥淡泊、出世成仙的文化意念一脉相承，相契相合”[①]。很多武侠作品中的侠客最后选择退出江湖，忘世遁俗，往往就展现出了一种道家的旷达、洒脱与随性的人性之美。《聂隐娘》的最后结局是“自此无复有人见隐娘矣”[②]；金庸小说《神雕侠侣》中的杨过和小龙女，《笑傲江湖》中的令狐冲和任盈盈，《倚天屠龙记》中的张无忌和赵敏，也都无一例外地选择了归隐。另外，在近代很多武侠小说中还直接描写了道教名山，如武当山、青城山、昆仑山、终南山等，塑造了很多“道侠”形象。“道侠”在人生旨趣上与市井之侠、绿林之侠有着显著的不同，他们直接受着道文化影响，居住名山大川，从根本上体现着一种超凡脱俗的逍遥情怀。笔者认为：“归隐”并非武侠文学的消极成分，反而是儒与道、入世与出世在侠客身上的完美结合，其先入后出、先作后隐是中国人文精神的独特表现。

四、小结

从根本上说，武侠文化是区别于儒、法、释、道的一种独立的文化系统。武侠，是行为方式之“武”与精神人格之“侠”的结合；而随着武侠文化的历史演化，道教文化不仅广泛渗入了行为方式之“武”，成为武侠文学神化侠客及其“武功”的理论依据，而且道家道教的诸多伦理原则也成了塑造侠客人格精神的重要因素，丰富和发展了武侠文化。道教与武侠的体系化结合，是以武侠小说呈现出来的，人们通过文本既能感受“侠”的超越，又能体验“武”的浪漫。道教对武侠文化起着极大的润色作用，使其显示出深厚的传统文化底蕴来。由此，我们便不难发现武侠文化与道教的关系之密切。

当今，道教在时代的潮流中逐渐衰落，武侠也在法治社会中再无“用武之地”，由此道教文化和武侠文化仅以文学的形式呈现，而与现实割裂开来。从文学的角度来说，我们希望“援道入侠”这样的优良传统继续发扬下去。然而从现实的角度来说，道教文化和武侠文化应该在实际生活中加以应用和传承，而不是仅仅把它们当作一种文化符号和幻想素材。道家哲学是中国文化的重要组成部分，道教内丹术对于养生助益巨大。它们随着武侠走进了文学，又很有必要再从文学中走出来，为我们实际生活所用。至于武侠文化，也应当在去“武”而取“侠”的做法下得到弘扬，让侠义精神、侠义行为成为民众普遍的价值追求和行为动向，以匡扶社会正义。“士无侠气，则民心弱。”[③]

---

① 乔孝冬，张文德：《论道教传播对唐女侠形象构建的影响》，《盐城师范学院学报（人文社会科学版）》2007 年第 6 期，第 31 页。

② （唐）裴铏著，周楞伽注：《裴铏传奇》，上海：上海古籍出版社 1980 年版，第 24 页。

③ 康有为：《康有为全集》第 4 集，北京：中国人民大学出版社 2007 年版，第 3 页。

《悟真篇》的早期流传*

何　欣**

内容提要：《悟真篇》问世后，并未立刻受到时人的重视，甚至一度被人曲解为房中邪术的象征。叶士表首以清静丹法注解《悟真篇》，这使得该篇的曲解之风得到了有效遏制，也使得该篇受到了人们的广泛关注。《悟真篇》关注度的提升虽然造成了一定的社会影响，同时也带来了负面效应：由于不同人群对《悟真篇》阐释的差异性引发了人们对该篇文本甚至标题的篡改，这种篡改行为造成各版本《悟真篇》之文字异常杂乱。至陆思诚用其家传正本之《悟真篇》订正诸本后，一些与正本存在较大差异的本子逐渐淹没在历史之中后，《悟真篇》的文本始趋向一致，一致的文本为《悟真篇》传承与发展奠定了基础，至北宋末期，《悟真篇》不仅在道教内部产生了深远的影响，这种影响还旁涉儒家、佛教与广泛的民间社会。

关键词：悟真篇　早期流传　特点　影响

有关《悟真篇》早期（成书至北宋末，即 1075－1127）的流传情况，因材料稀少，少有人研究，一直迷雾重重。《悟真篇》成书于熙宁乙卯年（1075，据作者自序），原版已散佚，目前多追溯至《郡斋读书志》（重加订补于 1170 年以后）始见记载，这其间有近百年的空档期。检阅《道藏》，发现在此期间，也有人曾引用过《悟真篇》，提供了一些流传的线索。本文结合一些不为人所重视的资料，经审慎辨析，对其早期的流传情况及特点略作探究。

---

* 本文系国家社科基金重大招标项目“百年道家与道教研究著作提要集成”阶段性成果，项目批准号：14ZDB118。

** 何欣，1993 年生，现为四川大学道教与宗教文化研究所博士生，研究方向为中国道教。

一、早期流传

张氏《悟真篇序》[①] 作于熙宁乙卯年（1075），《悟真篇后序》[②] 作于元丰戊午年（1078），那么《悟真篇》的“母本”应是在这段时间问世。此后相当长一段时间，少有资料记载。

至曾慥（？—1155）编纂《道枢》（集于1151年前后）始收录有部分《悟真篇》的文本，有“七言四韵”五首、“绝句”十八首[③]。说明《悟真篇》成书后六七十年左右的时间，并未受到重视。就《道枢》所录《悟真篇》文本来看，与陆思诚所订正的一致，也与宋元时期流行的《悟真篇》注之文本基本一致，曾慥所见《悟真篇》应是正本。至于《悟真篇》在这段时间未受重视，这可能是时人对其理解有偏差所导致的。

稍晚于曾慥的陈葆光撰的《三洞群仙录》（序言作于1154年），也有提及《悟真篇》，其卷二“商唱阳春，张吟白雪”注云：“《悟真篇序》：天台张伯端字平叔，尝罄所得，吟成律诗九九八十一首，号曰《悟真篇》，文多不录。其《九转金液还丹》诗一篇云：黄芽白雪卒难寻，达者须凭德行深。四象五行全籍土，三元八卦岂离壬。炼成灵质人难识，消尽阴魔鬼莫侵。欲向人间留秘诀，未逢一个是知音。”[④] 陈葆光所引为“七言四韵”之一，值得注意的是，其诗有标题，曰“九转金液还丹”。这可能有两种情况，其一是陈氏所见为《悟真篇》正本，未有人对文本进行修改；其二是已有人对《悟真篇》文本进行了修改，为各诗添加了标题。笔者以为，更有可能是第二种情况。因为，其后不久的《悟真篇》注本（叶注、翁注）皆无标题；陆思诚据其家传正本也未提及各诗标题之事。从时间上来看，叶士表注（1161）所用文本已经有了修改（多出一首，见下文），陈氏与叶氏阅读《悟真篇》的时间相差不远，叶氏所见为修改后的，陈氏所见也有可能是修改后的。后世有的注本对各诗加标题应是据此处，如陆西星就给上述诗句添加标题云“水土妙用”。

邵若愚著《道德真经直解》（序言作于1159年）引《悟真篇》云：“张平叔云：‘窈冥莫测是真精。’”[⑤] 而无名氏所辑注的《修真十书悟真篇》（以下简称《十书悟真篇》，收录有叶士表、袁公辅、翁葆光的注）对应部分为“恍惚之中寻有象，杳冥之内觅真精”[⑥]。而另一文本，南宋翁葆光注、元戴起宗疏的《悟真篇注疏》对应部分为：“恍惚之中寻有象，窈冥

---

① 《修真十书悟真篇》，《道藏》第4册，文物出版社、上海书店、天津古籍出版社1998年版，第711、712页。以下所引《道藏》版本皆同。

② 《紫阳真人悟真篇注疏》，《道藏》第2册，第967、968页。

③ 《道枢之卷十八：悟真篇》，《道藏》第20册，第698、699页。

④ 《三洞群仙录》，《道藏》第32册，第246页。

⑤ 《道德真经直解》，《道藏》第12册，第245页。

⑥ 《修真十书悟真篇》，《道藏》第4册，第734页。

莫测是真精。”[①] 同邵氏所引一致。两种文本，虽只有五字之差，也不可不辨。

邵氏所引在公元1159年，叶士表的注作于公元1161年，翁葆光的注作于公元1173年。翁氏在序言中交代了其得到陆思诚家传“真本”的事，并说叶注“紊乱真经”[②]，以正统自居。再结合更早的邵氏所引之句与翁氏文本来看，翁氏所得版本更可能是《悟真篇》正本。此外，除了上述字词的差异，在文本数量上，《十书悟真篇》与其他版本相比，也多出一首《西江月》正文，而多出这一首有叶文叔之注。因此，在叶文叔之前，已经有人对《悟真篇》的正文文本进行了修改[③]。

另外，关于《十书悟真篇》的辑注时间与所辑录注本之人数，直接关系到《悟真篇》在两宋的流传情况。无名氏所辑注的《悟真篇》，引用最晚的文献是王道的《古文龙虎经注疏》，序言作于公元1185年，那么其辑注时间应在此之后，应为南宋末或元代初。

据历代书目如胡玉缙《续修四库提要三种》、《杨守敬集》第七册《增订丛书举要》、宋陈振孙《直斋书录解题》等，皆称《张平叔〈悟真篇〉集注》。关于此书到底收录有几人注解，一直有争论，流传较广的是《续修四库提要三种》之说：“《张平叔悟真篇集注》五卷，不著注人名氏……其注有叶士表、袁公辅、李荃、王道、吕真人、道光禅师、象川翁、争月翁、真一子、无名子诸人……此注疑为元人所为。”[④] 后世多有学者沿用此说法，误矣。象川翁即是无名子，此已为学界之共识。其余所谓“注者”，如真一子，引用的相关论述，皆可在五代彭晓的著作中找到相应或相似的语言，真一子也就是彭晓。彭晓活动在《悟真篇》成书之前，不可能注《悟真篇》。其余诸人，或在《悟真篇》之前，或在《悟真篇》之后，经仔细辨别，皆是辑注者引用其言。因此，《十书悟真篇》（或称《张平叔悟真篇集注》）实际辑录了叶士表、袁公辅、翁葆光三家注解，加上辑注者无名氏的注解，共有四家（《十书悟真篇》也有可能录有零星的薛道光注，详见下文）。

当时给《悟真篇》作注的还有薛道光。元代戴起宗作《〈悟真篇〉注辩》表明世传“薛注”是翁注之易，后王阳明也指出《悟真篇三注》之薛注为陈致虚伪造，所以，一直有薛注不存在的说法。关于此问题，柳存仁、杨立华、朱越利三位先生辨之甚详，终逐渐理清。朱越利先生说：“笔者非常高兴，找到了薛道光序，并知道它撰于公元1169年。这也为薛道光确实撰写过《悟真篇》找到了力证。”[⑤] 朱先生所说的《薛道光序》，即是《悟真篇三注》卷前薛式序残文，题曰：“乾道五年乙丑岁中秋日孙薛式谨书。”再广泛地考察题名“象川翁、无名子、薛道光、无名氏等”的注解后，其注文实不似翁葆光一文所为。因此，我们可以

① 《紫阳真人悟真篇注疏》，《道藏》第2册，第938页。

② 《悟真篇注疏序》：“象川无名子翁葆光，乾道癸巳（1173）顾后传之……文理次序颇有不同，又多有舛谬，惟龙图陆公之孙思诚所藏家本为真……又有叶文叔者……定马为乾，非惟紊乱真经，致使学者逾兹惑误。”（《道藏》第2册，第910—913页。）

③ 参阅朱越利《〈悟真篇〉的文本及丹法》，收于《道教考信集》，山东：齐鲁书社2014年版，第83页。

④ 胡玉缙编：《续修四库提要三种》，上海：上海书店2002年版，第239页。

⑤ 朱越利：《张伯端的生平和丹法流传》，收于《回首集》，成都：四川大学出版社2014年版，第209页。

说，薛道光确实注释过《悟真篇》，可惜薛注全文文本没能流传下来，其注散见于题名“无名子、翁葆光、薛道光、象川翁”等的名下。

晁公武（1104—1183）在撰《郡斋读书志》时，将《悟真篇》加以收录，云：“《通玄秘要悟真篇》一卷，右皇朝张用成撰。用成，字平叔，天台人。熙宁中，随陆师闵入蜀，授道于隐者，因成律诗八十一首。”[①] 这条著录也是目前最早提及《悟真篇》的“《藏》外”材料。值得注意的是，此处多“通玄秘要”四字。有人提出，《悟真篇》是《通玄秘要悟真篇》的简称，原版即是《通玄秘要悟真篇》；类似《周易参同契》，一般只称《参同契》。笔者以为，“通玄秘要”四字更可能是当时有人对书名进行了修改，晁氏非常注重版本信息，可以排除他自行添加的可能性，他所见应为别人修改后的文本。

晁氏的《郡斋读书志》初次成书于绍兴二十一年（1151），后又在其晚年（1171－1183）重加订补。那么收录《悟真篇》也就有两种可能，可能是1151年就有收录，也有可能《悟真篇》是其在晚年补录。那么书名《通玄秘要悟真篇》，也就有两种可能，如果在公元1151年就有收录，多的“通玄秘要”四字就是《悟真篇》未经修改的正本；如果是在其晚年收录，那么他所见很可能是在公元1160年左右篡改后的文本。张伯端自序中并没有提及“通玄秘要”四字，而对“悟真”（见末而悟本，舍妄以从真）二字确有解释；再结合《道枢》（也是集于1151年左右）称《悟真篇》，并没有“通玄秘要”；且在公元1151年前后，《悟真篇》并不“出名”，晁氏看到的机率不大。因此，晁氏在晚年重加订补时收录的概率较大。那时的《悟真篇》已比较出名，且有多种文本和注本（叶注、薛注、翁注等），晁氏所见应为其中一种被修改后加有标题的《悟真篇》文本。

此后，张伯端及其《悟真篇》名声大噪，受到了较大关注，也有了更多的注者。如袁公辅于1202年作注斥责叶文叔的注，夏元鼎于1226年作《紫阳真人悟真篇讲义》。

二、特点及影响

其一，《悟真篇》被误解为房中邪术。房中术本是道教传统的修炼方法，具有悠久的历史，是有关于阴阳平衡的性修炼方术。但是在发展过程中，一些人将房中术误解、滥用，或成为淫乐之术，或成为采“阴精、首经”等污秽物来修炼的方术，称房中邪术，为道教正统所批判。《悟真篇》早期即被误解为此种邪术。

在曾慥《道枢》收录的《容成篇》中，有这样一段话：“《西江月》十有八篇，曰张平叔所作也。指女子为偃月炉，以童男女为真铅汞，取秽浊为刀圭，肆情极欲，一旦溘然而逝，其名曰桶底脱。”[②]《容成篇》的作者是看过《悟真篇》的，但却将《悟真篇》理解为取“秽

① （宋）晁公武撰，孙猛校证：《群斋读书志校证（下）》，上海：上海古籍出版社2011年版，第767页。

② 《道枢》之《容成篇》，《道藏》第20册，第619页。

浊”的童女“首经”（月经）和童男“首精”（精液），并以女子为修炼场所（“偃月炉”）的“房中邪术”。基于这种理解，《容成篇》的作者自然也未仔细研读《悟真篇》，不然不至于将《西江月》的篇数搞错（应为十二篇，非十八篇），也不会将内容“张冠李戴”（“偃月炉”“真铅汞”应是“绝句六十四首”中的词语）①。《容成篇》作者对《悟真篇》的理解，也许能代表当时一部分人的理解。最早为《悟真篇》作注的叶士表，就反对夫妻双修，实际上，可能正是因为当时有一部分人以房中术的男女双修来理解《悟真篇》，叶士表才会有所提及。当时的大多数人，基于这种理解，自然也就不能发掘《悟真篇》的价值。

因为《悟真篇》多有“男女、真精、白虎、首经”等丹经术语，容易让人误解，甚至有的误解者还将《悟真篇》的文本进行了修改。在叶士表之后，至南宋末期，误解《悟真篇》为房中邪术的人还有很多，愚谷老人②对此多有斥责：“……又有所谓‘穷戊己’，或谬为‘穷戊癸’者，逐以癸为天癸，亦犹《悟真篇》‘才见芽生须急采’，或以芽生为癸生。是皆学三峰之术者，妄乱改之，以证其邪说云耳。”③那些学习房中邪术（“三峰之术”）的人，妄改经典，以证其说。此句《道枢》所录、叶注、翁注、袁注等通行文本皆为“铅遇癸生须急采”，讲述的是丹法之中火候及采药修炼之事；改为“才见芽生须急采”，则成了“三峰采战之术”。

对《悟真篇》的理解，历来有清修派与双修派两种。所谓双修派一般指阴阳双修，亦分两种，一种是修自身阴阳，一种是彼家阴阳。《紫团丹经》云：“下手之初，淫邪尽罢，返照中宫，昼夜如不睡，元阳不漏，自然肾中火起，上朝于心，以真阳合于中宫，是为心肾交媾……《悟真篇》云：‘独修一物转羸廷矣！’……以身心为坎离，以男女为龙虎，刀圭入口，一得汞得，聚而不散，炼而愈坚，回风混合，百日通灵。”④ 在下手之初，即要淫邪尽除，何来男女房中邪术？独修一物，是指独修一“阳”，男喻阳，女喻阴，男女双修实为自身阴阳双修。另外，男女双修有时也指阴阳栽接丹法，修彼家之阴阳，确需要男女修行者相互配合，但皆是“男不宽衣，女不解带；爱如父母，敬若神明”，无丝毫肉体接触，与房中邪术有本质区别。

其二，《悟真篇》文本的差异与变化。一般来说，文本在流传过程中，“增、删、改”的情况很难避免。《悟真篇》的情况好像更为特殊，其文本先是未受关注，默默无闻；尔后经

① 朱越利先生认为此《西江月》十八篇为时人冒名张伯端所人伪造，不知何据。（朱越利：《宋元南宗的阴阳双修人物和代表经诀》，《宗教学研究》2010年第2期，第1页。）从《容成篇》所引来看，术语名词与《悟真篇》皆能对应。另外，据前文所论，曾慥编纂《道枢》之时，《悟真篇》并未出名，在更早的《容成篇》作者撰写之时，关注《悟真篇》的人更为稀少，此时可能会有人修改文本以符合其意，但冒用张伯端之名伪造《西江月》的可能性不大。

② 《四库全书总目》（卷147）：称“（愚谷老人）其人当在南宋末也。”（清永瑢等撰，张新奇等整理：《四库家藏：子部典籍概览》第3册，济南：山东画报出版社2004年版，第1120页。）

③ （宋）愚谷老人编：《延寿第一绅言》，见宋书功著：《中国古代房室养生集要（最新增补本）》，海口：海南出版社2011年版，第686页。

④ 《紫团丹经》，《道藏》第18册，第737页。

历了一个纷繁杂乱的时期，诸文本皆有所差别；最后又逐渐稳定下来，文本逐渐趋同。

如前所述，《悟真篇》成书后被人所曲解，经历了很长时间的空档期。尔后从邵若愚《道德真经直解》引《悟真篇》开始，出现的文本皆有所不同，如邵氏所引与《十书悟真篇》有差别，《三洞群仙录》所见《悟真篇》有小标题，《郡斋读书志》作者所见《悟真篇》标题多“通玄秘要”四字，叶士表所见文本多出一首诗词等等。好在这种情况持续时间不长，很快被陆思诚等纠正。

在公元1173年前后，陆思诚作《悟真篇记》云：“今好事者多收此篇（《悟真篇》），而文理颇有不同。疑其初成，未经裁益，时已有传之者尔。亦尝参较其舛误二十余处，而尤甚者，如诗所谓：‘才见芽生须急采，若逢望远不堪尝’。此本乃改云：‘铅见癸生须急采，金逢望后不堪尝’。盖补完丹诀于其间，显见世之所传辞旨有所未善也。其别本复有了悟真如一绝，此乃以欧冶铸剑之事，易去之。”[①] 陆思诚是陆诜的后人，其《悟真篇》乃是家传，应是原版正本。恰好陆氏所引此句在《道枢》中也有引用，云：“铅见癸生须急采，金逢望远不堪尝。”[②] 与陆氏的订正相比，基本一致，只有一字之差，即“后”与“远”。另外，将《道枢》所收录的《悟真篇》二十三首诗词与宋元时期所流行的《悟真篇》文本所比照，大体上是一致的。如此则可进一步说明，曾慥集《道枢》之时所见《悟真篇》确为未经修改的正本。由此可见，这段文本杂乱的时期，大致从集《道枢》之后，至陆思诚以家传《悟真篇》订正诸本，以正本清源。其间被修改的文本也就逐渐湮没在历史中。

为何早期出现的各文本有不小差别？甚至皆应是从“正本”择录的陆思诚所引之句和《道枢》对应部分，也有一字之差（“后”与“远”）。笔者猜想，文本的差异可能是传抄流变和有意修改的综合作用。张伯端写成《悟真篇》之后，并未刊刻出版，或刊刻很少。那么，想要阅览《悟真篇》大多数情况下只能依靠手抄，多只是“手稿”流传。则当时所流传的《悟真篇》可能多为手抄本，不可避免会有文本的殊同。另外，也有故意修改《悟真篇》文本的人，如愚谷老人所斥责，修改《悟真篇》术语为房中邪术词语者，这类人大多是想借用《悟真篇》表达其自己的思想。在两方面因素的综合作用下，各文本之间的差异也就合理了。

其三，《悟真篇》的早期影响。《悟真篇》成书之后，经历了一个约“甲子”的沉寂。自叶士表以清静丹法注解后，对曲解之风有所遏制。在那以后，《悟真篇》的价值逐渐被肯定，名声也大了起来。

在道教内部，除张伯端一系传承者对《悟真篇》广为推崇外，全真道丘处机（1148—1227）也对《悟真篇》很熟悉，其《大丹直指》云：“……‘沐浴金丹。’《悟真篇》云：‘刑德临门药相之，到此金丹宜沐浴。’二月、三阴三阳和暖，花木正开，忽被阴寒风雨所摧，不能结子，谓之德中有刑，如行功阴魔作障也。八月，三阴三阳温凉，万物渐肃杀之时，得

---

① 《悟真篇记》，《道藏》第2册，第969页。

② 《道枢之卷十八：悟真篇》，《道藏》第20册，第699页。

天气和暖，花木回芽再开，谓之刑中有德，谓守正止念，却得阳和也。所谓‘沐浴防危险，妙用在抽添’。”[①]从丘祖对此句的解释可以看出，他对《悟真篇》所传丹法是认同的。另外，蒋叔著（1163－1223）撰《无上黄箓大斋立成仪》，其《神位门》之卷 52 列有“紫阳真人”名号。一般而言，各类科仪都会有一项“向神仙上表”的环节，紫阳真人张伯端位列神仙之一，在北宋时期就已为道教内部正式承认。总之，张伯端及其及《悟真篇》在道教长生修炼法上引领了时代的潮流，对后世道教的发展影响很大。

同时，《悟真篇》也受到了道教以外的重视。朱熹（1130—1200）在《答方宾王》中云：“熹前日看所寄《易》说不子细……始见其底蕴。如言四象及先天次序，皆非康节本指，其他亦多杜撰，如《九转图》引魏伯阳《参同契》张平叔《悟真篇》尤为无理，亦自不晓《参同契》中所说道理，可惜用许多工夫，都不济事。大抵《易》之一书最不易读，而今人喜言之……熹向来作《启蒙》，正为见人说得支离，因窃以谓《易》中所说象数，圣人所已言者不过如此。”[②] 朱子在批评《九转图》对《易》之所蕴自作强解，引《参同契》《悟真篇》拉大旗作虎皮，认为易理象数之要旨可读其所作《易学启蒙》。此处虽然朱子未直论《悟真篇》，但可以看出他对《悟真篇》《参同契》所蕴之易理持肯定态度，而只是《九转图》的作者未得《悟真篇》《参同契》要旨。从侧面也可以看出，当时儒家一些研究《周易》的学者，已经注意到了《悟真篇》，并且有尝试引用《悟真篇》来论述其理论。如此也可见《悟真篇》对儒家的影响。

另据佛教释志盘的《佛祖统纪》[③] 卷四十六，有专论张伯端及《悟真篇》的部分，可以看出张伯端及其《悟真篇》也有佛教中人阅读。就社会影响而言，据《嘉定赤城志》记载，南宋庆元三年（1197），台州郡守叶筑改城内黄牛坊桥为“悟真桥”[④]，以示对张伯端的纪念，后又有悟真坊、悟真庙等出现。以某一人物作为地点，甚至为其修庙纪念，足见张伯端及其《悟真篇》社会影响。

三、结语

《悟真篇》问世至北宋末的流传情况和特点，因资料有限，未能勾勒全貌。从零星的材料来看，反映了一些主要的流传情况和特点，如文本的演变、内容的曲解、阐释方向的多样化等等。这些方面，本文只是点了出来，研究还很薄弱，都有待深入《道藏》、史料方志与《悟真篇》及其注本本身去发掘与研究。

---

① 《大丹直指》，《道藏》第 4 册，第 396 页。

② （宋）朱熹著，郭齐、尹波点校：《朱熹集（五）》，成都：四川教育出版社 1996 年版，第 2841 页。

③ 于咸淳七年（1271）刊成行世。

④ 参阅（宋）黄le修，陈耆卿纂：《（嘉定）赤城志 40 卷》卷第二，台州丛书本。

《内业》篇“老不长虑”新释

陈锦平*

内容提要：长期以来，学界把“老则长虑”解读为一种养生保健的方法，把它作为先秦时代《管子》的养生经验介绍，若不遵从“老不长虑”则会带来“困乃速竭”的危害。笔者反复研读原著，在检阅相关文献资料后，结合人体生理特征，以新视野重新诠释关联章句，对学界关于“长虑”的解读提出了质疑，并对“老不长虑”提出了新的认识。

关键词：内业　长虑　老不长虑　反语

《管子·内业》篇第十五章：

> 饥饱之失度，乃为之图。饱则疾动，饥则广思，老则长虑。饱不疾动，气不通于四末；饥不广思，饱而不废，老不长虑，困乃速竭。①

这里没有罕见字词，亦无重大异文，理解并不是太困难，但解读上存在大问题。因“老不长虑”在此处的解读十分关键，而“长虑”更为拦路虎，本文试对“长虑”先进行析义，然后对“老不长虑”重新解读。为使解读深入，对此段章句重新分析和诠释，以还原本义。不对不妥之处，敬请批评指正。

一、提出问题

先来看看学界对“老不长虑”有代表性的解释。唐代房玄龄（一说尹知章）释“虑”

* 陈锦平，男，1965年生，盐城市质量技术监督局工作。

① （明）朱长春撰：《管子榷》第16卷，万历四十年张维枢刻本，第8页。本文中的《管子》引文皆出自该版本。

"困"，总体认识是：积极用脑"则遗其老"，否则"令老则益困而速竭"[1]。这种解释常为人所接受。如黎翔凤说："老人则经验多，可以长虑……不能长虑，则困而速败矣。"[2] 李勉译为："年老了却不深思长虑，就会易生困扰而加速衰老。"[3]

郭沫若认为"长"当是"忘"字之误，当为"忘"，"言老不忘虑则衰败之躯速死灭也"[4]。乐爱国接受这个改字释义，将其译为："老年人若仍然不停地思虑，就会加速死亡。"[5] 马非百不同意这个观点，他说："虑即思虑。长虑犹言重视思虑，即不要轻易动用脑筋……（《汉书》）'止念虑''省念虑''省思虑'，即此处'长虑'之义……老而不能止省思虑，则贮藏精气之渊泉，必将速竭。"他还认为，长虑作"拔除思虑"解释也可通[6]。

值得一说的是赵守正的理解[7]。首先，他参考了郭沫若文，将"长"读为"忘"，"忘虑"译为"放下思虑"。"老人不能放下思虑，衰败的躯体就加快死亡。"其次，他参考了马非百文，将"长虑"注释为"珍惜思虑，即不要轻易动用脑筋"。赵氏在前文基础上将"放下思虑"改译为"珍惜动脑筋思考"，"不能放下思虑"改译为"不珍惜思虑"。

赵氏解释很有代表性，译注影响很大。如滕新才的"年老还不分散思虑"，周瀚光、何怀远、耿振东的"（老人）不珍惜思虑"，刘柯的"老人不珍惜用脑"[8]，他们释"长虑"皆为"珍惜思虑"，观点一致。

"长虑"一词，孙开泰释为"拔除思虑，或说不思虑"，张其成释注为"要放慢思考"，牛力达直译为"要少动脑筋"，刘小华意译为"要少动脑筋思考"。[9] 这几种解释，也是在"珍惜思虑"基础上延伸出来的。而陈鼓应注"长虑"为"疑当作'畏虑'之义"，并将"长虑"译为"避免思虑"，"不长虑"译为"却不尽量避免思虑"[10]，陈氏的观点同样影响很大。

另外，颜昌峣、张固也不同时期释"长虑"，即本书"《中匡》：道血气，以求长年、长

---

① （唐）房玄龄注，刘绩增注：《管子》，上海：上海古籍出版社1989年版，第154页。

② 黎翔凤撰，梁运华整理：《管子校注（全三集）》，北京：中华书局2000年版，第949页。

③ 李勉注译：《管子今注今译》下，台北：台湾商务印书馆1988年版，第795页。

④ 郭沫若、闻一多、许维遹著：《管子集校》，北京：科学出版社1956年版，第794页。

⑤ 乐爱国：《〈管子〉内业篇新探》，《管子学刊》1992年第4期，第9页。

⑥ 马非百：《马非百自传》，晋阳学刊编辑部编，《中国现代社会科学家传略》第3辑，太原：山西人民出版社1983年版，第46页。马非百：《〈管子·内业〉篇集注》，《管子学刊》1990年第3期，第17页。

⑦ 赵守正撰：《管子注译》下，南宁：广西人民出版社1982年版，第87页。赵守正：《管子通解》下，北京：北京经济学院出版社1989年版，第132、137页。

⑧ 滕新才、荣挺进译注：《〈管子〉白话今译》，北京：中国书店1994年版，第406页。周瀚光等：《管子直解》，上海：复旦大学出版社2000年版，第386—387页。何怀远等编：《管子》，呼和浩特：远方出版社2006年版，第65页。耿振东译注：《〈管子〉译注》，上海：上海三联书店2014年版，第255页。刘柯、李克和译注：《管子译注》，哈尔滨：黑龙江人民出版社2003年版，第325页。

⑨ 钟肇鹏等编：《管子简释》，济南：齐鲁书社1997年版，第369页。张其成主编：《医古文》，北京：人民卫生出版社2001年版，第19页。牛力达把"老则长虑"译为"年纪老了要少动脑筋"，把"老不长虑"译为"年纪老了不注意节制用脑"。牛力达编著：《寅耕斋自印书稿之六——管子哲学文选》，福州：福建人民出版社2004年版，第117页。刘小华把"老不长虑"意译为"老人不要忘记思虑"。刘小华著：《中国古代养生思想研究》，哈尔滨：黑龙江教育出版社2006年版，第46页。

⑩ 陈鼓应注译：《管子四篇诠释》，北京：商务印书馆2006年版，第126—127页。

心、长德”[1]。还有张玉良等、陈永汉、张胤贤，将“长虑”释译为“思虑过度”[2]。

从以上解释中可以看出，专家学者解释“长虑”有些不同，有的还相互矛盾，但将“老不长虑”解释为“老人不用脑就出问题”已成主导性意见。笔者从不怀疑善于用脑关乎健康长寿的生活常识，现在要提出的问题是：“老不长虑”真在讲人老了要“常思考”、“常用脑”，或“少动脑”之类的含义吗？

二、“长虑”探析

“老不长虑”，哪一种解释比较符合作品的要求，很值得反思。无论怎样，正确理解“长虑”是解决问题的关键。

（一）长虑在文献中的解释

目前辞典给出的释义是远虑、从长远考虑、作长远打算，这种释义从字面上就能直译出来。笔者认为，这是长虑的一般用法，不说清楚“虑”字，我们始终很难理解长虑在本文中的内在含义。

1. 虑和思虑。虑，原本写为“慮”，简化为“虑”字，其基本字义就是思考、考虑。《说文·思部》：“虑，谋思也。”[3] 谋思，即思考的意思。思和虑在周代金文中均已出现。有古文字研究者认为，虑字上部是虎字的省写，下部是思字的省写，虑在字源上有担心老虎伤害的意思。为此，虑就不仅仅停留在一般性的思考、考虑层面，它原本就还有担心、担忧、忧患的内在含义。这是虑的第二项释义，应当给予重视。

《孟子·告子下》：“人恒过，然后能改；困于心，衡于虑，而后作；征于色，发于声，而后喻。”[4] 成语“困心衡虑”就是出于此处，这里的虑有费尽心思，也有忧虑满胸的意思。

《灵枢经·本神》：“因志而存变谓之思，因思而远慕谓之虑。”[5] 此处的虑，明李念莪注：“思之不已，必远有所慕，忧疑辗转者，虑也。”[6] 而王庆其等释为“在思考的基础上，考虑未来可能的发展，称谓虑”[7]。

《汉书·沟洫志》：“浩浩洋洋，虑殚为河。”颜师古注：“虑，犹恐也。”[8]

---

① 颜昌峣：《管子校释》，长沙：岳麓书社 1996 年版，第 407 页。张固也：《〈管子〉研究》，济南：齐鲁书社 2006 年版，第 284 页。

② 张玉良、赵世超等译：《白话管子》，西安：三秦出版社 1998 年版，第 501 页。陈永汉：《管子——杰出的经济管理学家》，北京：经济管理出版社 1999 年版，第 576 页。张胤贤：《孟子工夫论研究》，台湾清华大学文学系硕士论文 2004 年，第 80 页。

③ （汉）许慎撰：《说文解字》，北京：中华书局 1963 年第 1 版，第 217 页

④ 杨伯峻编著：《孟子译注》，北京：中华书局 1960 年版，第 298 页。

⑤ 刘衡如校：《灵枢经》，北京：人民卫生出版社 1964 年版，第 38 页。

⑥ （明）李念莪辑注：《内经知要》，北京：人民卫生出版社 1963 年版，第 41 页。

⑦ 凌耀星主编，王庆其等编：《实用内经词句辞典》，上海：上海中医药大学出版社 1994 年版，第 212 页。

⑧ 转引自梁东汉主编：《新编说文解字》，太原：山西教育出版社 2006 年版，第 527 页。

可见，虑是在思的基础之上有比思更进一层的思维和构想。《古今会韵会举要·御韵》说："虑，思有所图曰虑。"①《周易·系辞》有"天下何思何虑"，天下有什么可思可虑的。《淮南子·原道》："大丈夫恬然无思，澹然无虑。"② 银雀山汉墓竹简《孙膑兵法·十问》："兵强人众自固，三军之士皆勇而无虑。"③ 这几例的虑，均可作第二项释义解释。

王凤阳《古辞辨》："为谋划事情而思考叫'虑'。'虑'纯属个人的思维活动，对事情进行反复深入地思考、仔细地斟酌推敲用'虑'，《荀子·大略》'能思索谓之能虑'。正因为如此，古书中常说'更虑''熟虑''远虑''千虑'等，如：《论语·卫灵公》'人无远虑，必有近忧'；《史记·淮阴侯列传》'智者千虑，必有一失；愚者千虑。亦有一得'。'虑'古代多作思虑解，很少当忧愁、担心讲，和'忧'有严格区别。可是所'虑'的事情却常常是各种难题、忧患、灾难。"④

就虑一字而言，思是第一位的，思是基础，虑的前提就是思，由思而致虑，长虑中担心忧虑是免不了的。

2. 远虑与长虑。虑不及远，形容目光短浅；反过来说，远虑指目光能为长远着想，考虑到将来。

《荀子·荣辱》："几不长虑顾后，而恐无以继之故也。"这里的"长虑顾后"有被释为"久远、将来的顾虑"⑤ 和"有久远之顾虑"⑥。

晋·陈寿《三国志·魏书·卫臻传》："且合肥城固，不足为虑。"⑦ 此处不足为虑，不值得、犯不着为某人、某事去担心或忧虑。不足为虑，也可写为"不足为长虑""不足为远虑"。远即长的意思，远虑也即长虑，"远虑"和"长虑"都有担心、忧虑的意思。

梁启超《说国风》上："故其遇事也，恒冒险以进取，而无或长虑却顾于事前，以沮其迈之气。"吴拯寰等释这里的"长虑"为"生出忧虑"⑧。

虑，有百虑、千虑、万虑等。考虑长远，从长远考虑，就是远虑，深思远虑、深谋远虑都是这个意思；深思长虑、远图长虑都是表达长虑的意思。无论是远虑还是长虑，都是在深长思，即深度思考，若说成是过于思虑也不为夸张。长虑，也可说为百思千虑、千思万虑、万虑千愁，长虑是否含担心、忧患一类的文义，我们要从上下文的语境来看，如愁（焦）心长虑、深忧长虑、远虑深忧、忧深思远、焦思苦虑、万虑千愁，就是表达担心意思。这里长

---

① 转引自《汉语大字典》4，汉语大字典编辑委员会编纂，成都：四川辞书出版社；武汉：崇文书局2010年版，第2508页。

② 许匡一译注：《淮南子全译》（上册），贵阳：贵州人民出版社1993年版，第8页。

③ 银雀山汉墓竹简整理小组编：《孙膑兵法》，北京：文物出版社1975年版，第91页。

④ 王凤阳：《古辞辨》（修订本），北京：中华书局2011年版，第830页。

⑤ 陈国弘编纂：《成语典故语源词典》，长沙：岳麓书社1988年版，第79页。吴迪主编：《成语典故辞海》，呼和浩特：远方出版社1995年版，第49页。

⑥ 《辞源》（下册）（增修）（第七版），台北：台湾商务印书馆股份有限公司1984年版，第2199页。

⑦ 转引自王涛等编：《中国成语大辞典》，上海：上海辞书出版社1987年版，第121页。

⑧ 吴拯寰等译注：《言文清文观止》，上海：上海春江书局1943年版，第207页。

虑虽有思考，但偏重计较思考中的得失，要解决后顾之忧，这方面我们往往不太注意。

以上几例“长虑”句子虽有晚出，从语境看，虑既有思虑，也有担心的内涵，“长虑”是在“虑”的基础之上更思虑、更担心、更忧患，长虑之人有精神压力。

（二）长虑在病理中的解释

对思虑运用不当，从而导致身体不适，甚至产生病患，历来医家对此有清醒的认识。

清代魏之琇记载了一个治疗惊悸病症“久虑致病”的案例①，大致内容是这样的：一个姓沈的人怕死怕得要命，常打卦算命，有名医必求。卢不远为他诊治并开导他，他第二天又来说占了一卦十天内会死，卢氏把他留下来让他请教“谷禅师传授参究法”，后来他恢复健康了。戊午年，卢氏和别人谈到沈氏的病案。卢氏说他：“善虑，虑出于肝，非思之比。思则志气凝定，而虑则运动展转，久之伤肝。肝血不足，则善恐矣。”一个生性多虑的人往往肝脏受损，进而会由疑虑而上升为恐惧的心态。治疗的好办法就是参禅，不要为“生死所感”，做到“内忘思虑，外息境缘”。这个病案说出了多虑致病的道理以及治疗的方法，对我们理解本文很有启发。

有人说：“在一般情况下，‘思’不会影响人的气机导致病变的发生……但问题是很多人在‘思’的时候往往会伴随着‘虑’，即焦虑、顾虑。《黄帝内经》说‘因思而远慕谓之虑’，我们在思考很多事情时，比如工作的问题、家庭的问题、子女的问题、老人的问题等，常常伴随着产生‘虑’，即你思考的问题越多，你担心、害怕的事情就多，人的顾虑就会增加，这也是我们常‘思虑’连称的原因。单有‘思’对人体气机影响不大，但加上‘虑’影响就大了。”②

《中国针灸学辞典》认为：“思，七情之一。思，即思虑、思考，属丁人的思维活动。思是脾的精气在精神活动中的反映，脾在志为思。思本是正常的心理活动，但如果思虑太过或所思不遂，就会成为致病因素。思的致病特点是：思虑伤脾，思则气结。”③

思是人的意识思维活动之一。正常思考问题，对我们机体的生理活动并无不良的影响。思并不可怕，虑也不可怕，可怕的是过思多虑，即思虑不当。过于思虑、思虑太过，就来问题了。思虑过度就是致病因素，会“引起脏腑的气血失调，心神情志失和所表现出的一系列症状”④。长思过虑直接能使人精神崩溃失常，传统中医就有思虑过度的情志病症。

过于思虑、过度思虑，人在任何年龄段都要避免，老年人更要引为重视，生活中尽量避免发生。元代工珪《泰定养生主论》认为“人及老，血气衰”，“李东恒认为老人有脾虚湿热”⑤。《黄帝内经》已经告知大家“思伤脾”“怵惕思虑者则伤神”，明代万全《养生四要》

① 魏之琇：《续名医类案（下）》第21卷，北京：人民卫生出版社1957版，第521页。

② 何娟：《黄帝内经养生堂》，北京：北京出版社2009年版，第107页。

③ 高忻洙等主编：《中国针灸学辞典》，南京：江苏科学技术出版社2010年版，第513页。

④ 曲丽芳、张苇航主编：《中医神志病学》（供中医类专业用），上海：上海科学技术出版社2015年版，第194页。

⑤ 陈可冀、李春生：《中国老年医学史略》，《老年学杂志》1988年第3期，第187页。

之一就是“思过损神”，清代吴谦《医宗金鉴》提出“思过伤脾”。“欲寡精神爽，思多血气衰。”① “胡思乱想易得病，贪得无厌会丢命。”② 这些生活智慧都是告诫人不要无节制思虑。老年人的生理均处于衰老变化过程，脾的功能自然也在衰退。假如长时而虑，过分思虑，必定造成心脑疲累，忧郁而生。

三、“老不长虑”新释

1. 虑是年老特征。长虑，用在一个特殊群体老人身上，很有代表性。老人往往怀有担忧的心态，古今中外很常见。古代陶渊明、孟浩然、白居易，近代梁启超等，都写有老而忧虑的文章。

思虑是一种生活方式，思虑也是一种生活病，过虑更是一种生活病。人无远虑必有近忧，人不但要思考，还要提前谋划想办法。我们或许有某种生活体会，上了一定年纪的老人往往有“爱关心”“想多了”的生活方式。人到了老年，往往张家长李家短，养大了儿子还要继续服侍孙子，学区房、上重点学校等等，辗转反侧难成眠。老人容易焦虑，如有潜意识死亡之焦虑；老人容易多发敏感、多疑虑、忧郁、淡忘等心理疾病，越是上年纪的老人越容易多愁（忧）善感。长久发生思虑肯定不是好事，若发生在老人身上情况就更不妙了。老人那种“心中牵挂”的心态，常被人说成是“瞎操心”，虽然这样评价对老人不公平，但这种现象大量存在。老年人的这种特征不随时代而转移，是生理和禀性、环境、精力等多种因素造成的。以今论古，笔者认为，如果不考虑所操心的内容，无论是春秋战国，还是两汉以来乃至当今的老人都是这样会操心、能操心、操碎心。

2. 长虑是虑过度。长字也可理解为“多余”的意思，如“身无长物”，这里的“长”解释为“多余”。长虑或即多余之虑，就是有不必要的行为在里面，过多地担心、过多地忧虑、操不该操的心。用在老人身上，形容老人的情感生活，非常合适。长虑是说老人对待人和事常常顾虑，心事重重，爱背包袱。老人长虑就是我们常说的想多了、虑多了、心思太重、老在顾虑，就是过于思虑、过度思虑。

古籍有“一夜白头”的记载，说的就是过快过猛的思虑、忧虑、愁虑使人一夜白发，这就是虑不当而产生的不良后果。无论哪个年代，年轻人可以有长远的考虑和谋划，而对于不再年轻又来日不长只争朝夕的老年人群体再提什么长久的考虑规划就显得言不由衷且不切实际了。有人以《管子·大匡》“智者究理而长虑，身得免焉”的“长虑”释为长远考虑，认为此处也是同样意思，但如果把长虑理解成要多思考或少思考一类的含义，长虑和广思就又没多少区别了，何况这里的长虑又是针对老年这个特殊的身心弱势群体。

---

① 方飞选编：《中国蒙学精选·增广贤文》，南宁：广西民族出版社 1996 年版，第 68 页。

② 郑勋烈、郑晴编著：《中国谚语》，上海：东方出版中心 1996 年版，第 247 页。

由此，本文“老不长虑”就是规劝年老之人不要过于思虑[1]和泛滥思虑，不要老是沉迷纠结，力劝人老要放下包袱，因为思虑过度会生大病。

《内业》篇“老不长虑”前文有“思之而不舍，内困外薄，不早为图，生将巽舍。食莫若无饱，思莫若勿致”，虽然这里没明说是针对何种年龄人而言，但“思之而不舍”“思若致”文中已明确告知是百害而无益的[2]。思之而不舍，就是多思、长思、劳思、相思、思无尽、劳心焦思的一类意思。思若致，更是太多思、过度思、思过甚、思太过，思到难以自拔的程度。过思和过虑是一对难兄难弟，虑的基础就是思又甚于思，撰文者反对“思若致”自然也反对有同义性质的“长虑”，所以在本章句就饮食和思虑的题材再次阐明观点，在此说出“不”“长虑”。

3. 要重视思虑症。思虑症指太过的思虑，“过度地苦思冥想，凝神敛志的过程维持存在一段时间，对人体持续发生作用”[3]，思虑过度就是本节所说的长虑。

积极用脑等不应是“老不长虑”的原文解读，之所以肯定说不是撰文者的本意，这其中的道理非常明了。他鲜明地反对“不舍（即无止境）”的“思致”，怎么又会肯定基于思之虑，而且还带“长”？一个提醒对长思、嗜思要警惕、堤防的人，会去推荐长虑来进行内修吗？为此，“老则长虑”被学界误读成一种养生方法。

本文的长虑，就是思虑过多、过度、过分、过头、过滥，相当于今天人们渐已警觉的思虑症。老年人容易多想，顾虑多，加之老年人脾虚，脾虚则不耐思虑，思虑太过容易伤脾，为此老人不能思虑太过，不能过度的虑。《孟子·尽心下》的“养心莫善于寡欲”[4]，《淮南子·诠言训》的“圣人无思虑”[5]，《韩非子·解老》的“思虑过度则智识乱”[6] 都支持这种观点。从《管子》文献更能找到直接的支持证据，《管子·任法》提出“不思不虑，不忧不图，利身体，便形躯，养寿命”，如乐爱国说：“《管子》认为思虑过度而不休息，就会使心身都受到损害。如果长期下去，就会丧失生命。”[7]

---

① 段逸山、孙文钟编：《实用医古文》，上海：上海科学技术文献出版社1993年版，第538页。谢浩范、朱迎平：《管子全译》，贵阳：贵州人民出版社1996年版，第612页。黄清源把这里的“虑”解释为“顾虑”。黄清源编著：《中国传统思想——静道》，台湾：文而出版社1996年版，第54页。邓乾德把这里的“虑”解释为“忧虑”。邓乾德主编：《诸子百家·现代版上卷·内业》，成都：巴蜀书社1999年版，第298页。罗浩（Harold D. Roth）把长虑理解为“忘虑”，但翻译为forget worry，虑译为worry，即担心、担忧、忧虑的意思。Harold D. Roth：*Original Tao*：*Inward Training and the Foundations of Taoist Mysticism*. New York：Columbia University Press，1999，p. 90.

② 马非百也引用这句话并解释为：“轻易动用脑筋之害如此，故古人多以轻易动用脑筋为养生之大忌。”笔者认为马氏使用“轻易动用”还没有说清楚这句话，这里实际指用脑过度而造成的伤害，是养生需要摒弃的行为。马非百：《〈管子·内业〉篇之精神学即说及其他》，《管子学刊》1988年第4期，第7页；并见《〈管子·内业〉篇集注》，《管子学刊》1990年第3期，第17页。

③ 腾晶：《试析中医思虑过度状态》，《中国中医急症》2012年4期，第546页。

④ 焦循著：《诸子集成》第1册《孟子正义》，北京：中华书局1954年第1版，第596页。

⑤ 高诱注：《诸子集成》第7册《淮南子》，北京：中华书局1954年第1版，第239页。

⑥ 王先慎著：《诸子集成》第5册《韩非子集解》，北京：中华书局1954年第1版，第101页。

⑦ 乐爱国：《〈管子〉的医学养生思想》，《锦州医学院学报（社哲版）》2004年2期，第36页。

"老不长虑"本利于强体健身，怎么又会导致"困乃速竭"的结果呢？这句话中的"不"字，如何准确定位理解很关键。如果肯定"老不长虑"这种行为，就是目前通行的主流理解，即不长虑必将遭困，意思就是要采取"老则长虑"的做法。如果是否定"老不长虑"这种行为，就是说老了不要长虑，即"老则长虑"做法错误，若你不听而实行长虑，必将遭困。这里撰文者省略了部分字句，以致理解上引发了歧义。

四、"长虑"章句新释

"饱则疾动，饥则广思，老则长虑"，这是接着"为之图"之后提出的三种做法。截至目前，笔者发现绝大多数人认为作者肯定这三种做法，接下来进一步解释为什么要提倡这三种做法。为了进一步阐明笔者不同的考释观点，借此篇幅讨论这段关联的文句和运用的写作手法，以期深层次理解"老不长虑"文义。

1. 拆解与评说。"饱则疾动"通行被理解为过饱食要快运动。把疾动理解为快去运动、赶紧运动、加快（强）运动等不够准确。疾即急之义，指行为动作之快而迅速，不是一般地快而是很快。如疾行为急速行走，行已具备一定速度；疾驰为飞快地奔驰，驰已经够快。再如疾风（是猛烈地刮风）、疾雨（急骤地下雨）、疾走（快步走、跑）、疾足（足力奔），都是表达动作相当快。疾动，罗浩（Harold D. Roth[①]）将其英译为 move quickly，而不是 quick to move（疾而动），move quickly 直译是快速移动、飞快地移动。截至目前，笔者未见译文中有饱腹之后要飞快运动、迅速运动、急速运动的意思，但他们知道这种行为方式明显不妥，为此有意识地去在字义上动脑筋。笔者认为，考察文义，我们可以把疾（动）、广（思）和长（虑）这三个修饰字同时参照，这样研究，我们的释字思路更开阔。食饱之后，抓紧时间快去活动、加紧运动和急速运动、剧烈运动有实质性的不同。我们没必要为了释义而去释义，此处不是赶快活动、努力运动，也不是立即运动的意思，疾动就是动疾，是指快速动、急速动，是指速度和频率快的活动。疾动之动，肯定不是指人的言、笑、视之疾，多数指或走、或跑、或跳等这方面"疾"活动。至于生活中疾动快到什么程度，那是另一回事，疾动非"疾而动"是习性使然。

"饥则广思"通行被理解为过饥要停止思考，或缓慢思考，或广泛思考，也有人提出费解[②]。广思，顾名思义就是广泛思考、发散性思考，就是思考多角度、多方面，就是思考无

---

① Harold D. Roth: *Original Tao: Inward Training and the Foundations of Taoist Mysticism*. New York: Columbia University Press, 1999, p. 90.

② 如顾宝田："饥则广思：此句甚费解。有说广作旷，停止之意，饥饿时要停止思虑。有说'思力广则忘其饿'，似皆未妥。"顾宝田编：《先秦哲学要籍选释》，长春：吉林大学出版社 1988 年版，第 243 页。

范围、无拘束，即如黎翔凤“向各方思考”、马非百“将思路引向广大方面”的解释[①]。饥饿了可以通过多思考来消除饥饿感，这种解释和认识不妥当。《论语·述而》载孔子“发愤忘食”，《史记·赵世家》载“饥而忘食”，我们常说“忙起来顾不上吃”，都是同一类意思，广思是难以做到这样的。于是又有人想到学“长”而将“广”改字释义。

正因为出现了饥饱太过，才有针对性调整行为。《论语·学而》：“君子食无求饱，居无求安。”[②]《吕氏春秋·尽数》：“凡食之道，无饥无饱。”[③]《素问·痹论》：“饮食自倍，肠胃乃伤。”[④] 现今我们都知道，暴饮暴食或过度饥饿都会损伤脾胃，导致气血运化失常和中气不足。饭后剧烈运动百害无一利，其中的道理不用解释，此时的确能“通达四肢”，但引发胃肠病是少不了的，难道是为了迎合原文“通达四肢”的要求，避重就轻而作赶快动、加紧动，或缓动等释义？

“饱不疾动，气不通于四末”，目前这句话一致被理解成希望血气分散到四肢，似乎撰文者也在有意识引导我们往这方面理解。此处本义是说食饱就不要急速运动（也没提可以慢速运动），这样血气就不分散到四肢，这种认识符合现代运动医学常识。饭饱之后，尤其是吃撑了之后，人饱腹是不能快速或剧烈运动的，本应给脾胃足够的助于食物消化动力会因运动分配给了四肢等地方发生运化不足，即我们今天所说的胃动力不足。饱食后采取任何一类不快的活动，都是要促使胃蠕动，让食物充分消化。《吕氏春秋·重已》也提到饱食胃胀会发生“气不达”[⑤]，并认为达不到长生的目的。该篇的观点很明确，已经指出了这里的关键，“气不达”是指饱食带来的胸腹闷胀而导致的血气不畅，紊乱的胃动力不能形成血气供应良性循环，不是要让“气通四末”，而是要增加胃动力促进消化。

“饥不广思，饱而不废”。饮食偏少以致饥饿，会导致营养不良，产生贫血。肚子里面在没食饥饿状态下，不广思可以避免消耗更多的能量，广思反而会伤其精气。饱而不废，是说饱食而不停止急速运动，指前面饱不疾动的做法，使得食物不顺畅消化。若废作停止解，句义仍可以导出消化的意思。

2. 章句分析。这段章句文字讲人的饮食、思虑和血气之间的关系，是紧接上文“和成”而延伸。

如果把“饥饱失度，乃为之图”视为中心句，余下句子就围绕此句展开。按照思维惯

---

① 黎翔凤撰，梁运华整理：《管子校注（中）》，北京：中华书局2000年版，第948页。马非百：《〈管子·内业〉篇集注》，《管子学刊》1990年第3期，第18页。

② 段逸山、孙文钟编：《实用医古文》，上海：上海科学技术文献出版社1993年版，第619页。

③ 王范之：《吕氏春秋选注》，北京：中华书局1981年版，第25页。

④ （清）姚止庵撰：《素问经注节解》，北京：人民卫生出版社1963年版，第15页。

⑤ 《吕氏春秋·重己》：“燀热则理塞，理塞则气不达；味众珍则胃充，胃充则中大鞔；中大鞔而气不达，以此长生，可得乎？”高诱注：《诸子集成》第6册《吕氏春秋》，北京：中华书局1954年第1版，第7页。原文大意是说：古代君王不穿太厚太暖的衣服，不吃过多的美味食物。衣过厚暖就会使腠理闭塞，腠理闭塞就会使气血不通畅；美食太饱就会使胃肠过胀，胃肠过胀就会腹胀；腹胀就会使气血不通达，这样做能够长寿吗？

例，下面应该讲具体“图”的做法，分析道理，以及收到的效益，包括不“图”所面临的后果。逻辑上讲应该这样，实际上撰文人并没有这么清晰行文，他列举了常见的“为之图”的三种做法。

对这三种做法的理解，从文理上讲要么都肯定，要么都否定，不会是部分肯定又部分否定。这三种做法不是合理而是过分的行为，不是提倡而是引以为戒的行为，是撰文者不认可、反感的行为，简言之是过度的行为。此解释有依据可循的，接下来就试图说清楚这个观点。

这段章句承前文“思之而不舍，内困外薄，不早为图，生将巽舍。食莫若无饱，思莫若勿致”而发挥。从这段话中我们可以肯定，撰文者反对“饱食”和“致思”，要求人要“莫饱食（即食莫若无饱）”、“莫致思（即思莫若勿致）”，为此才有“疾动”“广思”“长虑”三种做法的述及。“不广思”“不长虑”是上承“莫致思”而言的，撰文者反对“思之而不舍（没完没了的思虑，即思虑过度）”，所以才有“思莫若勿致”的语言表述。“广思”“长虑”就是“思之而不舍”的另一种语言表述，“不广思”“不长虑”就是“思莫若勿致（即不要思虑过度）”的进一步解读①。我们从这里完全可以看出撰文者是反对“广思”“长虑”的行为，由此而知“疾动”同样是他反对的行为。若能接受这种观点，无论将“疾动”“广思”“长虑”作何种解释，看不到、释不出这三者各自内在的“过量、超限度行为”都是不正确的。

撰文者指出了他不认同而我们应接受的三种不好的修内业的做法，他指出三种行为之后，接下来分析这三种行为为什么错，又错在哪里。不过他只分析了“饱则疾动”现象，用自已的认识分析了原因所在，即“饱腹不疾速运动的话，血气就到不了四肢”，反过来说“饱若疾速运动，血气就通到四肢”。这里存在一个问题，究竟饭饱后是要血气通达四肢还是不要通达四肢？其实他利用反语表达肯定的意思。

撰文者提出“饱不疾动”等语句显然是直接承上文“饱则疾动”几句而言的。上文已经解释了“饱不疾动”，后文接着说“饥不广思”的道理就如“饱而不废”一样，“饱而不废”就是重复上文“饱不疾动”的意思，用词不同而已。依据思维和逻辑习惯下文会继续针对“饥则广思”“老则长虑”阐述他的理由，问题是作者只针对一种做法作了解

① 如果还不能看明白这里的概念转换，笔者在此用数学代入法单独分析一下这里面的关系就清楚了。“思之而不舍”，可以简说为“思不舍”，即思广、虑长；还可以简说为“不舍思”，即广思、长虑。“思莫若勿致”，可以简说为“思莫致”或“莫思致”，即不思广、不虑长；还可以简说为“莫致思”，即不广思、不长虑。上面两处都有“思虑过度”的文义内涵，我们从多数译文、释文中能看得出来。如：李勉译文：“不停地思考过度，必然内心困乱，外形消瘦，如此尚不知早为图救，则精气便退离心舍而生命丧失。吃莫如不吃过饱，思莫如不思太过。”李勉：《管子今注今译》下，台北：台湾商务印书馆1988年版，第794页。陈鼓应译文：“思虑过度而不休止，就会内心受困，外事迫压，不早设法摆脱，生命就会结束。人们都知道饮食不能过饱的道理，其实思虑也同样不能过度。”陈鼓应：《管子四篇诠释》，北京：商务印书馆2006年版，第121页。马非百说：“‘思之而不舍’，当是指‘过知’之思而言。”“思莫若勿致”“此谓思虑不宜过度”。马非百：《〈管子·内业〉篇集注》，《管子学刊》1990年第3期，第13页。

释而没有对另外两种做法做出原因分析。也许因为这三种行为都是围绕收聚而不消耗体内精气而言的，他解说完“饱不疾动”后认为已达到举一反三的作用，此时的写作思想仍停留在“不”这种做法的思路上，没有按常理出牌去继续解释为什么，他的思路直接进入到下一个写作阶段，讲出了如果不这么做将最终面临的后果。后面四句话也可分别说成：饱不疾动，困乃速竭；饥不广思，困乃速竭；老不长虑，困乃速竭。或者这段话还可以高度概括浓缩为：“饥饱失度，乃为之图；不为之图，困乃速竭。”把后果告诉大家，比解释原因更会让人接受。

3. 写作方法。正反对比是古人写文章常用的方法，这里直接使用反说的方式。反语是先秦时代的一种常见的讲话方式，是一种重要的修辞手法。反语就是通过说反话来表述说话人的思想，运用和本意相反的词语来表达说话人的本意，表面上表达的是这种意思，其实是另一种意思，看似褒扬实为贬仰。这里用的是反话正说的修辞手法。

就保健而言，吃饱之后急速活动，饥饿之中浮想联翩，年老之时过劳思虑，都是不好的行为，都是不健康的生活方式。饱不投入速动，可保护脾胃，使之有充沛的血气以供消化；饿不思绪万千，可以减少不必要的能量消耗；年老不要太过于思虑（不多想、不顾虑、不揪心），这样情志稳定而不伤心脾。而撰文者却说出了不做这些而受到的惩罚，既然是纠错行为，怎能落得个不好的结局呢？作者行文“为之图”表面上肯定的这三种做法已被无数的事实否定，这三种做法也不符合医理和现代养生常识，显然作者是用当时社会上常见的一些做法来回答“为之图”的话题。本来是不好的行为，现在偏偏有人如此而行。作者借题发挥，依然在采用说反话的方式来表述自己不满又隐含的思想。这段章句可以用这样的形式来正面理解：

饮食饥饱（如果）有失度，那就要设法调节。（现在很多人采取的做法是）饱食疾速地活动，饥饿大量地思考，年老过度地思虑。（他们认为）饱食不去疾速活动，血气就不会到达四肢。（饥饿本应停止思考，以减少能量消耗）饥饿不大量思考，（如同）饱食不疾速活动，年老不过度思虑，（其作用和功效是一样的，否则的话）身体困疲透支而生理机能加快衰弱。

年老之人“热衷于”长虑，那是自取其辱，自掘坟墓；年老之人不去、不要、不能、也不再过于思虑，同时注意饮食调控，身体是不会过早透支的。

五、结语

长期以来，对“长虑”的释义基本上为“远虑”“从长久考虑”释义，少有解释为“过度思虑”“过度担心”“过度忧虑”等语义。对“老不长虑”的理解，也没有考虑到衰老之人生理特性和在家庭生活中的角色，甚至是社会环境的原因。

本文讨论了“老不长虑”的原本文义，并以此为切入口重新分析章句，反思和解读古人的养生方法。《内业》“老不长虑”的养生观点，与《庄子》主张的“无使汝思虑营营”[①]思想一致，与《心术·上》“无求无设则无虑，无虑则反覆虚矣”相互印证，与《素问·上古天真论》“无思想之患”[②]互为补充，是先秦诸子的养生思想，这与我们以往的解读相左。这种不当认识具体起于何时已难以考证，但至少在唐代学人注《管子》时就已产生了。

① （战国）庄周著，（晋）郭象注：《庄子》，上海：上海古籍出版社1989年版，第118页。
② （唐）王冰撰：《黄帝内经素问》，北京：人民卫生出版社1963年版，第7—8页。

老子學刊

『百年道家与道教研究著作提要』专栏

老、庄思想与天师道研究著作提要五篇

范靖宜*

一、刘其宣《老子学案》

《老子学案》，刘其宣著。京华印书馆 1934 年 1 月第 1 版，平装 32 开本，约 4.7 万字。作者生卒年与经历不详。

20 世纪 20 到 30 年代期间，老学研究形式多样，硕果累累。相对中国古代历来以注释方式阐释《老子》义理的研究方法，这一时期的成果影响深远，为后世老学研究拓宽了思路。首先，新社会思潮的冲击催生了全新的研究视角，如桐城派叶玉麟用白话翻译与诠释《老子》；严复《老子评点》、孙思昉《老子政治思想概论》等著述都援引西方政治学说与老子思想相联系。而在研究形式上，仅学案体就有刘其宣《老子学案》、郎擎霄《老子学案》《庄子学案》与王恩洋《老子学案》等数部专著问世。学案体的体例范式成熟于黄宗羲《宋元学案》与《明儒学案》，是继纪传体、编年体等体裁后又一史书体裁，其结构主要包括人物传记、言行录、著作提要、学术流派的传承关系等，对学术思想史的发展研究具有重要意义。

该书以通行本为底本，封面“老子学案”四字为张人杰题。首有《自序》，次有《目次》。正文共六章，分别为：老子考异、老学渊源、老子之宇宙学说、老子之人生学说、老子之政治学说、老学之影响。作者在第三章“老子之宇宙学说”一章中又次分为“宇宙无意识论”“宇宙有法论”“本体无名论”“名生万物论”四小节；在第四章“老子之人生学说”一章下设“人生观”“修养论”两小节；第五章“老子之政治学说”下设“去文”“废法”

* 范靖宜，女，天津人，四川大学公共管理学院中国哲学专业博士生。

“无为”“无私”“愚民”“非兵”“崇俭”“慎事”八小节；第六章“老子之影响”下设“影响于学术者”“影响于政治者”、“影响于风俗者”“影响于宗教者”“结论”五小节，由此可窥作者对《老子》内容、思想与脉络的独特理解与梳理。

对于老子其人，作者认为作为“周守藏史”的老子抑或是孔子问礼之老子与著《老子》一书者非同一人。刘氏列举了九条论据加以论证，如针对《史记》所载“老子者，楚苦县厉乡曲仁里人也”之说，其认为古之官制“世守其职”“世相承不替”，例如司马谈、司马迁父子相袭为史官，所以老子作为“周守藏史”也必是世袭而来。但如果老聃承袭周代官职，那么老子不可能再为楚人。因为“楚之于周，声教中阻，其人尤必无入仕于周者”，故老子应有二人。作者于第一章“老子考异”末附记，阐明自己对老子其人进行考辨的目的：“此章作于民国十年，曾登载于信宜教育旬刊及高州中学纪念丛刊中。当时学者对于老子尚多沿袭旧说，以之为孔子师。余此作自谓颇有新见，迨后阅梁任公《胡适〈中国哲学史大纲〉批评》于证《老子》乙节与余说不谋而合。自梁说出老子在孔子后之说已为多数学者所承认，惟观近日出版老子之著作尚有反对梁说为《史记》辩护者，足见旧说之入人深也。拙作此章颇有梁说所未备者，且年代先后与学说内容之研究所关至，钜故仍置之篇首以质之世之质老学者。”

该书于老子政治观之解读颇见新意。严复在《老子评点》中提出老子学说与西方政治学具有相通之处，刘其宣对此观点表示认同。他认为老子的无为之治可以使个体获得自由，回归到上古之治的淳朴境界，人人平等，“此严几道氏所以主张老子所论为民主国之治也”。老子“无为而无不为”“高以下为基”“贵以贱为本”等主张与民主之精神相若；而“小国寡民”“邻国相望”“鸡犬之声相闻，民老死不相往来”的理想社会设想也与孟德斯鸠的理想之治相似。作者在老子政治学说一章“慎事”节谈到，老子之说贵自然无为，但至魏晋时期却流为“疏放旷达”的清谈之列。但是，老子“慎事之教”的本质并不是清谈家放诞清高之举，此为可惜之所在。除此以外，因老子政治学说与儒家大相径庭甚至“尤在相反”，所以多为后世儒者所讦；而自黄老兴起、道教始立，老子之说更是多遭曲解，流为养生、导引等细枝，守末而失本，实为遗憾。

总体而言，该书对老子其人考证详细，于存疑之处见解独到，“条陈屡析”，试图正本清源。对于老子诸学说，作者点评其“政治学说”价值颇高，而老子本人更是周末之社会革命家，此为本书异于他说之处。然该书虽称“学案”，但观其内容，并未能详述老子学说之传承史，只于“老子之影响”略述一二，此遗憾之所在。

二、陈柱《老子与庄子》

《老子与庄子》，陈柱著。商务印书馆 1934 年 10 月第 1 版，平装 32 开本，125 页，约 4.8 万字。

陈柱（1890—1944），字柱尊，号守玄，广西北流人，中国近代著名国学家。19 岁时留

学日本成城学校学习工科，后考入南洋大学（交通大学前身）电机系。因出身书香世家而对国学情有独钟遂改习文科，师从著名教育家唐文治与“同光体”诗派代表人物陈衍。1921年任无锡国学专修学校教授；1924年任大夏大学教授、国文系主任，次年又兼任暨南大学、光华大学中文系主任；1928年起担任交通大学教授、中文系主任；1940年任南京中央大学校长；1944年病逝于上海。陈柱著述丰富，在文字学、文学、教育学、语言学以及诸子学方面皆有深厚造诣。1929年上海中华书局出版《陈柱尊丛书》共43种，有《守玄阁易学》《守玄阁词集》《守玄阁诗文话》《周易说苑》《守玄阁尚书学》《尚书文法读本》《春秋谷梁微言大义》《春秋公羊集解》《国学教学论》《尚书论略》《守玄阁诗学》《周礼要义通论》《大学通义》《国学拾闻》《墨学新论》《中庸通义》《说文解字释要》《说文部首韵语注》《小学平议》《北玉容方言》《庄子通》《守玄阁文集》《定本墨子间诂补正》《太史公书讲记》《先秦文学概要》《粤西十四家诗钞》等。近年来华东师范大学出版社陆续出版12卷本陈柱集，说明陈柱相关研究正被学界投以更多的目光。

《老子与庄子》被收入王云五主编，商务印书馆出版的《万有文库》第一集。该书为陈柱关于《老子》的第四部著作，前有《老学八篇》《老子集训》《老子古义今解》，多为集解体；后又有《老子选注》《九家要旨之原道阐老》《老子通证》以及《诸子概论》中之道家篇。本书以王弼注本为底本，首有目录，正文有上、下二篇：上篇“老子平传”凡三章，分为“老子传略”“老子之学说”“老学之变迁”；下篇“庄子平传”凡四章，分为“庄子传略”“庄子书之内容”“庄子之学说”“庄子之文学”。

关于老子的姓名与事迹，陈柱基本认同《史记》所载。但对《史记》“或曰儋即老子，或曰非也，世莫知其然否”之言，陈柱认为虽然清人毕沅考证“聃、儋、耽”三字声义相同之说固可通，但《史记》记述太史儋见秦献公之言乃是“预言家”之言，而观老子本人之学说乃是出于“反对预言家的哲学家”之言，所以二者不应为一人。对老子生活时代的恶劣环境，陈柱根据《老子》文本总结了五个特点：战争、重税、严刑、文敝、不均。因此才有五千言道德之说。

因作者前已有数部老学研究著作出版，故谈及老子学说时略而从简，按其内容归纳为三十一种名类，每类下举《老子》原文为例。分别为“道之本体”类，如《老子》一章、四章、十四章等；“人事之道”类，如八章、九章、十四章等；“德类”又小分为德、玄德二节；“无”类下有绝对之无与对待之无二节；后诸类分别为仁义与圣治、自然、无为、朴、母、天、神、名、一、常、复、生死、柔与弱、知、守、若、不自、不争、知足、损有余、无欲、怨、学、教与言、玄同、三宝、反。

陈柱认为老子之后学，庄周“得其偏而不失其宗”，韩非“取其说，变其宗”。而流入兵家、权谋家、宗教家、养生家的老子之言皆被误解。对于庄子其人，作者引《庄子·天下篇》以论证庄子之学术应出于老子，又独立一家。随后作者通过考证庄子之交游以及与时人之问答以明庄子生活时代之轮廓经纬。陈柱以郭象《庄子注》为底本，对《庄子》内七篇主旨简明地进行了概括：“《逍遥游》者，言绝对自由之旨；《齐物论》者，说一切平等之法；《养生主》者，言养生之道；《人间世》者，言处事之方；《德充符》者，阐不言之教；《大宗师》者，述不死之道；《应帝王》者，陈无为之治。”后以这七篇统摄大义为题展开论说。在本书的最后，陈柱特另辟一章提炼出《庄子》六大文学特色：境幽、古趣、善譬、善辩、善写情、善说理。总体而言，陈柱此书虽言辞简约，但于有限篇幅考证翔实，条理清晰，内容精炼。若配合作者其他老、庄学著述一同研读尤为有益，可于作者之观点更为贯通。

三、郭树森、朱林、贺绍恩《天师道》

《天师道》，郭树森主编，朱林、贺绍恩参编。上海社会科学院出版社 1990 年 2 月第 1 版，平装 32 开本，208 页，16.5 万字。

郭树森，1943 年生，辽宁康平人。江西省社会科学院研究员、学术委员会委员、宗教研究所所长；中国宗教学会理事；江西省哲学学会副会长；四川大学道教与宗教文化研究所和江西师范大学客座教授。主编、合著和参加编写专著 10 余部，其中《天师道》获江西省社会科学优秀成果三等奖、院优秀成果二等奖、桂林道家研究会优秀论著一等奖；《道家思想史纲》获中南地区大学版协图书评比优秀论著一等奖、院优秀成果三等奖；《中国大道之源——〈周易〉与中国文化》获院优秀成果三等奖。代表期刊论文有《葛洪儒家伦理观与道教理论的建构》《天师道的创立及其沿革》《论道家到道教的演变》《试论宋应星对元气本体论的丰富和发展》《元代玄教与龙虎宗关系论》等。朱林，1956 年生。1979 年考入复旦大学哲学系，现任江西社会科学院赣文化研究所副所长、江西师范大学政法学院客座教授、江西省伦理学会副会长。代表论文有《孟子“天人合一”思想述论》《孔子的经济伦理思想初探》《幸福的哲学新思》等。贺绍恩，1965 年生，1981 年考入北京师范大学哲学系，毕业后在江西省社科院从事中哲史研究。代表期刊论文有《从〈想尔注〉看汉儒对早期道教的影响》《万载傩舞考》等。

本书研究了天师道的历史以及它在道教史上的地位和作用。首有《目录》，后有已故著名易学专家、道教研究学者潘雨廷先生为本书所作的《〈天师道〉序》，次为《引论》，末附《后记》。潘雨廷先生在序中写道：“于‘天师道’的名实，自古迄今，屡起变化。”潘雨廷认为，研读《天师世家》可于此分为三个阶段：第一阶段为张道陵、张衡、张鲁祖孙创教阶段；第二阶段为自第四代张盛迁居江西龙虎山至二十四代张正随；第三阶段自二十五代起绵延千年，至六十余代天师，于今仍存。这三个阶段情况迥异，不可等而视之。郭树森等在《引论》中认为自古以来虽然研究天师道者不乏其人，但以神话视角切入者居多，而“信史”较少，缺乏理论深度。而其时尚未有一部研究天师道的专著，此为撰写该书之目的。

本书正文共五章，附录二篇。五章内容分别为：第一章，汉末天师道的创立。此章首先探讨了天师道产生的历史条件与思想渊源，作者认为历史条件“根源于汉代政治与社会的宗教化”，思想源流则与“殷周时代的巫术与战国秦汉时代的神仙方术”有关。其后介绍了张道陵其人创教始末与张修、张鲁等人对早期天师道的传播与发展。张鲁在巴汉成立“政教合一”的政权，贡献最大。最后分析两部天师道的经典《老子想尔注》《太平经》与天师道的关系。第二章，魏晋南北朝天师道的变革。此章主要阐释了魏晋南北朝时期天师道变革的原因，以及寇谦之、陆修静与陶弘景分别对北、南天师道的贡献。这一阶段，张道陵第四代孙张盛移居龙虎山创立龙虎宗正一道。作者认为这一变动使天师道的组织得到了发展，教规也得到了完善，“民间道教逐步转变为官方道教”。第三章，唐宋元明天师道的兴盛。这一阶段龙虎正一道日益兴盛，被统治者视为道教正统进而大力扶持，广修宫观道场，文化活动也相继繁盛。天师弟子陆续对《道藏》进行纂修，名道张继先、张宇初亦有《虚靖真君语录》与《岘泉录》问世。第四章，明中叶以后天师道的衰亡。此章主要阐述了天师道衰亡的历史必然性与衰亡的历史进程。作者认为，随着明中期以后资本主义萌芽、新生产关系的确立以及科技的发展，动摇了天师道发展的社会基础，走向衰亡是一种必然趋势。同时，理学与心学等新儒家的崛起把信仰“哲理化”，使“儒家”具有了“儒教”的性质，逐渐取代了天师道在统治者甄选思想时的优先性。第五章，天师道的社会历史作用。作者主要分析了天师道对政治以及科学、文学艺术领域的影响。附录一为天师世家、房系、人物综述，内附天师印剑图片。附录二为天师印剑、宝物、署职考。

《天师道》是主编郭树森 1981 年从事道教研究以来的阶段性成果。其之前发表于《江西社会科学》1981 年第 5、6 期的《天师道的创立及其沿革》是本书的大纲，并邀请了朱林、贺绍恩共同撰写。该书史料翔实，内容精审，在其时代为天师道研究领域的开创之举。对读者整体性了解天师道的创教、发展历程以及天师道在各个朝代与领域的活动具有参考作用。

四、庄宏谊《明代道教正一派》

《明代道教正一派》，庄宏谊著。台湾学生书局 1986 年 11 月初版印行，平装竖排 32 开本，221 页，约 12 万字。该书为李丰楙主编、台湾学生书局出版的“道教研究丛书”之一辑，丛书其他辑包括《全真教与大蒙古国帝室》《明代道士张三丰考》《道藏丹药异名索引》等。

庄宏谊，台湾台中县人，1956 年生。台湾政治大学历史系学士、历史研究所硕士，法国高等社会科学研究院历史与文化博士。现任辅仁大学宗教学系副教授、辅仁大学宗教学系太极拳社指导老师、中华道家世界文化学会顾问、政治大学教职员“道教养生社”指导老师，曾为台湾宗玄道学文化研究会、保生民间宗教学院、台南市大观音亭兴济宫等机构进行专业服务。研究专长囊括道教史、道教养生学、道教丹道学研究、道教概论等领域。个人专著有《明代道教正一派》《台湾道教的学院教育初探》；合作专著有《气学与养生：太极尺功法二十四式》；代表期刊论文有《保生大帝信仰的起源与发展》《立志为帝王师：寇谦之的宗教理想与实践》《唐代道士吴筠的仙道思想》《章炳麟的宗教观》《道教环保观在现代社会的体现》《钟、吕的仙道思想初探：以“小乘安乐延年法”为主的讨论》《北宋道士张伯端法脉及其金丹思想》等。

该书为作者的硕士论文成果。首有序文，作者言明自己从事道教研究的缘起并对帮助此文完成的指导老师表示感谢。作者认为依靠正一派传承系统的明确性或可寻出道教发展的轨迹，这也是其把明代正一教作为道教史研究起点的动因。序言后为目录与正文。目录中单独标出正文中插入的图表页码，其中表六张，分别为：历代天师传承关系表、明代帝王封赠天师之亲属表、正一派宫观沿革表、明代正一派道士事迹表、明代帝王命天师斋醮一览表、明代帝王命天师斋醮项目次数统计表；图三张，分别为：贵溪县境图、龙虎山图、帝王命天师斋醮次数曲线图。正文部分共五章，最后附录天师世系表以及参考书目、中文摘要、索引以及法文摘要。

正文第一章为绪论，略陈研究对象与全书的篇章结构；第二章为“正一派之天师”，从封号、行谊、传承及帝王礼遇等四个视角探讨“天师”内涵的发展演变；第三章为“正一派之宫观道士”，从正一派的宫观建筑、经费与组织以及道士的度牒与事迹四个角度进行分析；第四章“正一派之符箓斋醮”诠释了正一派的符箓、斋醮及其在明朝的形式；第五章为结论部分，强调了明代天师道道教领袖地位的确定与帝王之间息息相关，并总结了原因。

综观之下，作者是以明代正一派盛衰与帝王关系的探讨作为主要线索的。帝王授予天师封号的传统始于唐代，明代之前天师的传承依靠印、剑、经箓为信物；及至明代，法脉的延续则更需要帝王的许可与封赏，天师府与明代帝王之间的关系更为紧密和复杂。于此当中，天师个人的行谊会影响皇帝对天师一脉的关照程度。作者从相貌、异迹、编著诸角度究陈原委，颇见新意：天师个人出众的形貌、气质、修养与德行是得到帝王青眼的因素，如四十二代天师张正常“幼颖，特宽厚，双目烛人”，朱元璋见之大悦其形貌，下旨赏赐。其次，天师传承过程中的敕封、致仕、礼遇也与帝王息息相关。明代帝王对天师的封赠、赏赐、恤典皆优于定制。除了对天师个体的厚待，天师府诸道宫的修建经费也离不开帝王的赏赐：宫观经费中除了信徒奉献与地租来源外，其余皆仰赖帝王赐予。作者认为，帝王赏赐多寡取决于其信道程度，而帝王信道更是有其个人目的。就斋醮目的而言，作者在书中给出了“明代帝王命天师斋醮项目次数统计表与曲线图”，量化分析了明代每位皇帝斋醮的动机，后通过分析给出了自己的看法：斋醮灵验是帝王优待正一派的主要原因，这实乃帝王为国运祈福以及个人期望长生的心理活动的驱使。另外，明太祖朱元璋占领江西后即招揽天师的积极态度为明朝历任帝王对天师的礼遇态度确定了基础。这一是因朱元璋生长于民间，对于天师在民间的事迹耳熟能详，故有仰望之心。但主要原因还是当时天师道在江南地区担任道教领袖已历百年，招揽一举实有安抚之意于其中。

因作者是史学专业出身，故在史料的甄选方面审慎有度。参考材料主要包含同源史料，如《皇明恩命世录》《汉天师世家》和元明善修、周召续编的《龙虎山志》等；史书方面则

选择了《明实录》《明史》等材料，兼参考明清文集、笔记小说、地方志及近人叙述等。作者的基本文献观是：虽然道门中人会对道教之事回护甚多，但一些记载与事迹非道门中人不可全窥，故而鉴选时运用综合比较法进行抉择，而史书未载而独见道书者，则以教内说法为主。在论证方面，作者恰当使用了定量分析的方法，适时在文中穿插图表，使分析更加直观。书末附索引方便参阅，就读者角度而言，这是一本可读性较高的专著。

五、张金涛《中国龙虎山天师道》

《中国龙虎山天师道》，张金涛主编。江西人民出版社 1994 年 10 月第 1 版，平装 32 开本，232 页，19 万字。2000 年 9 月再版，平装 32 开本，251 页，20 万字。

张金涛，1964 年生，江西鹰潭市人，第六十三代天师张恩溥二女儿张稻香之子。1983 年，张金涛进入中国道教学院学习，后回到天师府从事道教工作；1986 年当选为中国道教协会理事，同年当选为江西省政协委员并担任至今；1987 年任嗣汉天师府主持，同年当选为鹰潭市政协常委；1992 年当选为中国道教协会常务理事；1994 年，被推选为龙虎山道协会长。同年，被美国夏威夷中华文艺大学授予“道学硕士”学位；2001 年任天师府管委会主任，并当选为中国道教协会常务理事、江西省道教协会常务副会长；2003 年当选为第十届全国人民代表大会代表；2005 年当选中国道教协会副会长。现任中国道教协会副会长。张金涛主编专著《中国龙虎山天师道》《中国历代张天师评传》（共二卷）《天师府史话》，合作专著《道教文化管窥——天师道及其他》《道德经心解》；发表学术论文十多篇，代表作有《细说道教“万法宗坛”的由来》《天师道的符、箓、斋、醮初探》《道教授箓制度的历史与现状》《略谈道教对西王母的崇拜》等。参与编辑出版《龙虎山道教音乐谱集》《天师道音乐磁带》及天师府风光 VCD 光盘，致力于天师府道教音乐的发掘和传播工作。

本书第二版相较第一版，章节名称、次第不变，内容有所增补：一是伴随田野资料的搜集，在符箓的含义与功用板块作了补充介绍；二是在改革开放的形势下，天师府较 1993 年初版完稿时逐渐发展壮大，故补以记录；三是附录部分的大事记从 1993 年延续至 1999 年底。一版、二版目录前有已故原上海城隍庙住持陈莲笙大师、现任台湾中华道教总会理事长张柽先生、已故台湾道教龚群长老所作序言三篇及龙虎山天师府庭等与正文内容相关的配图，并有其他道教、政界人士题词。附录二篇，分别为张天师世系简表与中国龙虎山天师道大事年表。末附作者编后记，第二版增加再版后记。本书正文共有九章：第一章“道教的起源与形成”，主述道教的起源与天师道创立的过程。自上古时起即存在的巫术以及历代求仙的渴望催生了方术、方士与神仙信仰，这为东汉末年张道陵创教提供了基础。第二章“天师道的沿革与发展”纵贯了从张鲁政教合一时期、张角太平道时期、魏晋、南北朝、唐、宋、元、明、清、民国时期直至与中华人民共和国成立后天师道的发展简史。第三章“道教的教理教义”，作者认为“道”与“德”是道教信仰的基础，“无为而无不为”则是道教信仰的思想准则；“道”的特征表现为“柔弱、不争、清静、寡欲”，而“护国佑民、社会太平”是道教的社会愿景，“乐生、重生、长生、久视”为道教最高的理想追求。第四章“道教的神仙信仰”，该章从天师道的“神、仙、鬼”信仰与天师道的神学理论、神仙谱系与洞天福地三个视角阐释天师道的信仰体系；第五章“天师道的修炼和养生”，以养精、养气、养神、养形、养食、内丹六点介绍天师道的修身炼养之道。第六章“天师道的符箓和斋醮”，分别阐释符、箓、斋、醮的形式、功能与内涵；第七章“天师道的音乐”从道教音乐渊源谈起，论述了斋醮与音乐的关系，并重点说明正一派的法事、道乐以及正一清微派道乐的地方特色，章末附《净秽咒》《三宝赞》、《和斗章》灵宝济炼科、《三皈依赞》灵宝济炼科等简谱曲谱。第八章“龙虎山的宫府观院”着重介绍龙虎山上清宫、嗣汉天师府、诸道观道院及仙迹名胜的方圆格局及历史演变；第九章“天师道的传承和符箓”主要说明正一派的传承信物与授箓传度制度；第十章“龙虎山天师世系”为历代天师传与天师道派历代高道略传。

本书缘起于作者感慨自 1983 年“嗣汉天师府”修复以来，尚无一本书系统全面地对其进行介绍，所以本书在内容上总揽了天师道的发展史、教义、符箓斋醮、炼养之道、宫观府院与天师世系略传等，内容较广泛。因作者出身张天师世家，熟稔于正一派斋醮仪轨，故而在叙述上力求详备。例如第六章第四节作者备陈了“醮”与“醮仪”中“变身运雷”的程式，并对相配的“符、手诀、步罡”进行图示举例，具有独特的专业价值。

道教宗派研究著作提要三篇

褚国锋*

一、吴亚魁《江南全真道教》（修订版）

《江南全真道教》，吴亚魁著，中华书局（香港）有限公司，2006年11月初版，系香港中文大学“道教文化研究中心学术丛刊第一辑”。此书是作者的博士论文，为繁体字版。2011年，作者对原书进行了修订，于2012年推出了简体字版。《江南全真道教》（修订版），吴亚魁著，上海古籍出版社，2012年10月第1版，32开本，31.5万字，系“上海太清宫道教文化丛书”之一种。

吴亚魁，1963年生，浙江嘉兴人。1982年至1986年，于北京大学哲学系宗教学专业学习，获哲学学士学位，是北大宗教学专业第一届毕业生。1986年至1989年，于上海社会科学院研究生部学习，获哲学硕士学位，导师为陈耀庭教授。1989年至2001年，在上海社会科学院宗教研究所工作，主要从事中国近代道教史和上海地方道教的研究。2001年至2004年，在香港中文大学宗教系学习，获哲学博士学位，导师为黎志添教授。先后出版著作多部，独著《生命的追求：陈撄宁与近现代中国道教》（2005）、《江南全真道教》（2006）、《浙东宁绍台地区全真道教考》（2011）、《江南全真道教（修订版）》（2012），编著《江南道教碑记资料集》（2007）、《吕洞宾学案》（2016）、《上海城隍庙志》（2017，副主编），并撰有多篇学术论文。目前旅居美国，仍从事道教文化研究。

《江南全真道教》（修订版）是一部地方道教史研究专著，其研究范围的时空跨度较大。在空间上，集中于江南六府一州，即苏州府、松江府、常州府、太仓州、杭州府、嘉兴府和

* 褚国锋，四川大学道教与宗教文化研究所2017级博士研究生。

湖州府；在时间上，始于全真道南传，终于20世纪初期，长达六百余年。作者以江南六府一州地区的全真道教为研究对象，依托地方志、碑铭、笔记等教外史料以及《长春道教源流》等教内文献，以道教宫观为研究切入点，通过梳理道观的历史沿革，兼及与宫观有关的全真道士、道派和事件，按照时间顺序叙述了全真道教在江南六府一州的发展历程，并将其划分为“初兴”（1271－1368）、“沉寂”（1368－1644）、“中兴”（1644－1861）和“重振”（1862－1911）四个阶段，从而构筑了一幅条清缕晰的地域道教历史图景。该书主体部分共六章，即“第一章 绪论”；“第二章 全真道教在江南的初传”；“第三章 全真道教在江南的盛衰”；“第四章 清代江南的全真道观（举要）”；“第五章 江南全真道教的流布与特征”；“第六章 结语”。

《江南全真道教》（修订版）一书具有鲜明的问题意识。作者在“绪论”部分开宗明义，指出将以“江南全真道教”为研究主题，并将这一主题细分为若干问题，包括全真道教传入江南之时间与情况、南北宗合流、明代江南全真道教的实际状况、龙门中兴与清代江南全真道教发展情形、江南全真道教的地域特征等。研究主题的确立与系列问题的提出并非偶然，它们是作者立足道教研究学术史，对海内外相关研究成果进行细致梳理与认真检视之后，所发现的仍未得到解决或有待深入的课题。在此基础上，作者以卓绝的努力，写就了富有创新性和学术生命力的专著，从而将这一领域的研究推向了新的高度。

作为江南全真道教研究领域的补白之作，《江南全真道教》（修订版）一书颇多创新之处。要而言之，可概括为四点。

第一，运用新资料。不同于过往研究成果对《金盖心灯》等少数道门文献的倚重，该书以史志、碑铭和笔记等数量丰赡却久被忽视的资料为研究基础。在着力挖掘教外资料的同时，作者也重视使用《道统源流》等新出教内文献。不同时期所倚赖的材料有所差别，在元明部分，作者侧重于使用教外资料；在清代部分，作者侧重于使用教内文献。该书共引用总数高达282种的一手文献资料，为全面深入研究江南全真道教传播历史提供了足够的支撑。需要特别指出的是，作者并不盲从于资料，对志书陈陈相因等弊病有着清醒认识，始终保持着一种审慎态度。书中但凡有所征引，必先对其予以考辨，直至拣选出可信度较高的材料。

第二，使用新方法。面对有别于高道著作的新资料，作者采取了迥异于道教思想史研究的新进路，即“问题史学与叙事史学”并重的研究方法。具体而言，作者以江南全真道教宫观为节点，通过对宫观沿革的追溯，从历时性和共时性两个方面来还原历史面貌。之所以从宫观入手，有受我国道教研究传统启发的一面，陈垣先生在《南宋初河北新道教考》指出：“欲观一教之盛衰，必观其教堂之多寡。盖教堂之数，恒与教徒之数为比例，惜记载有传有不传耳。”作者由此而联想到从宫观入手。这也与研究资料相关，因为方志中有关于道观的诸多记载。面对道观之道派归属难题，作者遵循多重证据互证的原则，通过观名、教内记载、信仰活动等多种因素来进行综合判定。经过一番艰辛跋涉，形成了《元代江南六府一州全真道教发展表》《明代江南全真道教发展表》《清初至咸丰年间江南全真道教发展表》《清

同治至民国初年江南全真道教发展表》《江南六府一州全真道观历代分布表》《江南六府一州全真道观空间分布表》等六张表格，从宫观名称、府别、起始时间、基本理据及数量等方面，对全真道观予以直观而系统的呈现。自道教史研究的学术发展趋势而言，该书当受“从文献学向历史学转变的新趋势”（王宗昱：《从文献学向史学的转变：塑造新的道教史形象》）的影响，属于这股浪潮中的一员。

第三，关注新领域。面对教外教内资料所蕴涵的丰富信息，作者聚焦于两个方面。其一，江南全真道教的内部世界。作者依托材料，考察了江南全真道教的宗派传承、信仰网络、经济基础、管理制度、入道缘由、信众构成等内容，精当描述了外来全真道面对江南正一派时所采取的适应策略与融合过程，也注意到了女冠群体、道教居士等不同信众群体。其二，江南全真道教与社会的互动交涉。道教作为社会的一个组成要素，必然会同社会体系中的其他要素发生关联。作者通过对全真道士社会交往关系的考察，揭示了儒释道三教群体之间的互动。在对道观内部管理制度进行分析时，作者注意到地域经济因素的影响，如上海白云观等全真道观道坛实行董事会制度。作者也分析了社会历史进程对江南全真道教的影响，如太平天国对江南道教的毁灭性打击、近代以降现代化进程促使道教所做的革新、庙产兴学所带来的冲击等。基于长时期的宏观考察和具体个案的微观研究，作者还原了江南全真道教多个层面的景况，并从教派融合、回归世俗、成分构成和皈道缘由等四个方面对其地域特征予以了总结。

第四，提出新观点。“江南”是一个有着多种理解与解读的地域概念，作者主要从文化地理和宗教地理的角度出发，将“江南”确定为“环太湖为中心的东南部”当中的六府一州之地。学界通常认为全真派在明代步入沉寂，到清代迎来中兴。作者在扎实考辨的基础上，提出了不同观点。其一，相较于元、清，明代全真道教确实显现为沉抑不振，但全真道教在江南六府一州仍有所发展。其二，清代全真龙门中兴因王常月而起，但作者依据宫观数量变化，将中兴界定在清初至嘉庆年间，而非整个清代。“所谓全真中兴，仅止于清嘉庆（1796—1820）为止。”其三，清咸丰已降的江南全真道教发展情况被概括为“重振”，因为道观数量、组织形式、活动内容、发展形态、地域分布等均有了相当大的变化。其四，作者认同王常月江南之行的重要意义，但在详细考证后，指出真正将龙门派在江南发扬光大的是第九代律师周明阳，后期对江南全真派贡献甚巨的则首推闵一得。其五，学界过去常将陶静庵所创金盖山云巢支派和闵一得所创金盖山支派混为一谈，作者通过考察《金盖心灯·龙门正宗流传支派图》和《龙门正宗觉云本支道统薪传·龙门正宗支派流传图》等道门资料，并结合闵一得的理论和生平事迹，指出尽管二者有交叉之处，但毕竟分属两派。此类新见在书中还有很多，限于篇幅不一一列举。虽然这是一部地域道教史，作者的视野并没有局限于江南。作者很好地处理了“区域—整体”“信仰—世俗”“本土—全球化”等之间的关系，从而发现、发新、发见，以地域研究为“全面的道教史”做出了贡献。

该书初版之后，作者继续在此领域深耕，先后推出两本著作。其一为《江南道教碑记资料集》，吴亚魁编，上海辞书出版社，2007 年 12 月第 1 版，32 开本，35.9 万字，系“上海钦赐仰殿道观道教文化丛书”之一种。其二为《浙东宁绍台地区全真道教考》，吴亚魁著，香港青松出版社，2011 年第 1 版，系“全真道学术研究报告”第七辑。在此基础上，作者又根据学界同行意见与最新研究成果，对原书进行了补充与完善，郑重推出了修订版。由修订版的“后记”可知，这既是作者对学术研究高度负责精神的体现，也是道教研究学术界同行之间良性互动与赤诚交流的结果，还是学术界与道教界良好合作的典范。通过此次修订，《江南全真道教》一书愈发厚重，具备了更加旺盛的学术生命力。

但不得不指出的是，该书论及的一些问题有待进一步探讨。例如，元明清三代的道教管理制度对江南全真道教有着何种影响？又如，文中论述清末民初的江南全真道教积极介入世俗生活，有简单提及基督宗教的影响。此种相遇有待进一步探讨，以总结道教面对外来文化所采取的应对策略等历史经验。此外，该书还有一些可待改进的空间。其一，参考文献以作者姓氏笔画为序，不便于检索核对。若能以时代为序，各个时代复以作者姓氏的拼音首字母为序的话，将极大地便利读者。其二，部分参考文献或可更新，如译本的选择。其三，部分引文需要再核对原书，若干解读也可以再推敲。其四，全书涉及数量繁多的宫观和人物，最好可以编制一个索引，以利于读者查阅。

瑕不掩瑜，该书是一部论点独到、材料丰富、论证严谨的高质量著作，被学界视为“地方道教史研究的扛鼎之作”之一（王闯、杨立志：《地方道教史研究的回顾与展望》），“在所述专题方面确实有很精到的论述”（葛壮：《道教文化所蕴涵的地域特色》），“是一次很好的尝试”（张广保：《中国全真教研究一百二十八年（1879－2007）》），是“一部相当成功的有关地域性全真道教研究之作”（张广保：《明代初期（1368－1434）全真道南北宗风研究》），具有毋庸置疑的学术价值。

二、李显光《混元仙派研究》

《混元仙派研究》，李显光著，中国社会科学出版社，2007 年 10 月第 1 版，16 开本，43.6 万字。

李显光，男，江苏武进人，1951 年 7 月生于台北。2004 至 2006 年，以访问学者身份，在中国社会科学院世界宗教研究所访问两年。师从王家佑、马西沙、朱越利诸先生，研究民间宗教与道教。曾任台湾中华宗教哲学研究社秘书长、常务理事，现任极忠文教基金会副董事长，兼任华东师范大学涵静书院副院长、西北大学蓝田文明中心研究员。主要从事中国传统文化研究，特别是道家、道学与道教研究。先后出版著作多部，著有《混元仙派研究》（2007）、《古华山与方仙道》（2016）、《神仙传解析》（2018），和胡孚琛先生共同整理《道藏源流考（新修订版）》（2014）。已发表学术论文数十篇，并多次组织海外学者进行学术文化交流活动。

该书以混元仙派为研究对象，对其历史演变、传法派系、人物事迹及互动关系等进行了详细考订。全书首为《玉溪子丹经指要》之《混元仙派图》，次为胡孚琛先生所作之序言，复次为自序，末有附录一《玉皇心印妙经》研究、附录二《无上玉皇心印经》。正文部分凡十二章，包括前言、时代背景、关于南北宗、法脉源头、正阳真人与其弟子、吕洞宾传说、刘海蟾传说、张伯端的传承体系、华山学术圈、王重阳与七真、混元仙派年表及混元仙派人物简表。

作者认为混元仙派是金丹、内丹之同派异名。该派祖述太上老君，以钟吕为宗，专务内丹修炼。因单传密授之故，未曾形成教团，故少为人知。《诸真宗派总薄》所记载的混元派有可能是混元仙派。鉴于历史上曾有多个以混元为名的教派，作者特对金元时期的混元道和混元派、明清时期的混元教等予以考释，并就道教与民间宗教、国家宗教管理政策与道教发展之间的联系进行了讨论。

唐末五代两宋时期内丹道蓬勃发展，高道辈出。学界对于内丹道的传承谱系早有关注，如刘咸炘先生在《道教征略》中列有钟吕传授图，蒙文通先生在《陈图南学谱》中列有《陈抟学系表》。任继愈先生主编的《中国道教史》注意到了《混元仙派图》，认为它是“一份最早、最系统的内丹传承史料”，并对此图有所分析。该书在前贤的研究基础上，集中考察南宋李简易所著《玉溪子丹经指要》卷首之《混元仙派图》。虽然《混元仙派图》在《道藏》中只有两页（《道藏》第 4 册第 404－405 页），但其内容却非常丰富。它始于混元教主万代宗师太上老君，终于混元大宗师赵虚静（赵古蟾），中有纯阳真人、陈抟、白玉蟾等近百位高道，充分反映了两宋内丹道的整体面貌。作者以此图为线索，一方面考诸道教历代高道传记，另一方面则广征正史、笔记、方志、碑帖、类书等史料，对教内教外文献进行综合考证。最终，作者清晰勾画出近百位仙真高道的生平事迹、师承关系及交往互动，完整呈现了混元仙派的传承体系。

金丹派南宗与全真道的合流是道教史上的大事，学界通常以元代陈致虚《金丹大要》（约成书于 1331－1336）所列传承谱系为南北二宗合流的标志。在南宗内部，早有为南北二宗合流开道的“道统说”，如萧廷芝《大道正统》（1260）、柯道冲为《玄教大公案》所作之序（1324）等。《混元仙派图》（1264）的编撰者亦为南宗传人，其说属于南宗内部道统说之一。作者据图认为：“传承统绪大体已形成南北宗，并以钟吕为祖，将刘海蟾与王重阳并列于吕洞宾下，反映出当时北宗鼎盛，南宗不堪与北宗并列的情况。”尽管只是一家之言，但作者的观点对于学界进一步认识南北宗合流问题当有所启迪。

要而言之，该书资料丰富，考证精当，在高道传记、丹道史和道教宗派史等研究领域做出了一定贡献。

三、李远国《神霄雷法：道教神霄派沿革与思想》

《神霄雷法：道教神霄派沿革与思想》，李远国著，系山东大学宗教、科学与社会问题研究所成果系列之二。四川人民出版社，2003 年第 1 版，40 万字，平装 32 开本，472 页。

李远国，男，1950年生。曾任四川省社会科学院哲学研究所副所长、宗教文化研究中心主任，四川省政协委员、成都市政府参事，兼任四川大学教授。研究领域为中国哲学、中国道教与中国传统文化，尤精于道教研究。自1985年以来，先后发表学术论文200余篇；编著出版学术著作20余部，主要有《四川道教史话》《三元集》《道教气功养生学》等；合著11部，主要有《衣养万物：道家道教生态文化》《道法自然：道教与环境保护》《道教与民间信仰》等。曾参与多项国际合作人文项目，多次应邀赴海外参会讲学。

该书是研究道教神霄派的专著。首为丛书总序，次为王家佑先生所作之序，再次为前言。正文部分凡八章，包括：第一章，神霄派肇始期——唐代；第二章，神霄派形成期——北宋；第三章，神霄派形成期——南宋；第四章，神霄派延续期——元明清；第五章，道教神系的基本概况；第六章，神霄诸帝与雷部众真；第七章，神霄雷法的渊源与特征；第八章，神霄雷法的内奥与影响。前四章叙述神霄派的发展历史，基本以朝代分期来对应道派演进，选取各个时代具有代表性的道士予以重点介绍。第五章和第六章讲述道教神系与雷部众神。第七章和第八章介绍神霄派的理论学说、雷法流变及其社会影响。书末有“附录：道教符箓学讲义”，介绍符箓的源流、种类、结构、功用、原理及影响。

作为神霄派研究的拓荒之作，该书具有填补学术空白的意义。作者翻检《道藏》，从中梳理出大量有关神霄派与雷法的资料，依此建构了一个脉络清晰、血肉丰满的道教宗派史研究个案。要而言之，该书为广大读者开启了认识道教神霄派的神秘之门。

书评

观象感通、寓易于诗

——《周易纵横感应诗》序

陈德述[*]

柏青者，四川乐山人氏，崇州人民政府之公务员，吾多年之挚友是也。他多才多艺，书法、诗词、电视剧创作、方志编纂皆有贡献，他负责编纂的《崇州商贸志》及《崇州民俗志》都全国闻名。他长期研究易学，著有《周易弥纶鉴》，多有独到之见解，如“周易与书法艺术”“周易与酒文化”等，是吾见少有之人才者也。现在，新作《周易纵横感应诗》即将问世，特此祝贺。

用诗说、解《易》者，已有人在，而柏青之《周易纵横感应诗》者，有其独有的特色。“纵横”者，无定向也。“感应”者，全在自己的认识或独见者也。实则，易者，象也，变也。《易》之象，形象、意象、想象是也。“易象”无边，能涵盖宇宙一切事物。《易》之辞，不但简洁、晦涩，艰深难解也，而且含义无定解。柏青之“感应诗”者，只是“感”而“应”也，重在“感”“应”二字。诗无达诂，其诗只有让读者自己再去“感悟”吧！

柏青在《观象赋诗心迹录》中从10个方面做了说明，内容涵盖了“易学”的诸多方面。他说他“作诗”“吟诗”和“解诗”时都立足于“观象”。“观象”者，“感而遂通”，深悟得“《周易》义理与象数相统一的特征”。“悟”者，灵感并发驰骋之谓也。灵感，忽之而来，忽之而去，如天上飘浮之云朵，因而每卦的心迹是不定的，正合乎“变动不居”之谓也。由是整个“感应诗”，飘飘逸逸，好像驰骋宇宙，像是太极图，充满了灵动之感，但是它始终没有离开“象数”与“义理”这两个“鱼眼”。

如《泰卦》之诗：“地天交畅润福田，小往大来舞金镰。凤凰来仪拜灵犀，麒麟出悉尊黎元。茅茹铲开千丈雾，城隍应卯一方田。积阳承柔方保泰，福祉和亲万世缘。”泰卦

---

* 陈德述，1937年生，哲学博士，四川省社会科学院研究员、原四川省社会科学院哲学与文化研究所所长。

（䷊）的卦体为上坤下乾，乾阳之气上升，坤阴之气下沉，阴阳交感，故亨通。卦的六爻虽有不当位者，但都一一相应，相应则亨通，亨通则吉祥，故诗曰："地天交畅润福田。"坤为阴卦、为小；乾为阳卦，为大；自内而外曰往，自外而内曰来；上为阴，下为阳。乾阳自外而内，故曰来；坤阴自内而外，故曰往；中爻卦震为动、为舞；乾为金、为镰。故诗曰："小往大来舞金镰"。中爻卦震为凤凰，六四爻辞说"翩翩"，六四接近九三之阳，表自外而来。震又为乐，天籁之音来自天上，故说"凤凰来仪拜灵犀"。"麒麟"为神兽，与凤、龟、龙合为四灵。"麒"为雄，"麟"为雌，应为六五爻辞"帝乙归妹，以祉元吉"之诗化。"黎元"为百姓，六五为君，为慈惠有德之君，下应九二守诚之臣民，故说"尊黎元"。初九爻辞："拔茅茹，以其汇，征吉。"茅茹，草类与豆类植物。坤为茅茹，乾为刚健，坤顺乾，故说"拔茅茹"，初九与六四，皆当位又为正应，前往可获吉祥，以"铲开千丈雾"喻之。上六说"城复于隍"，泰与否相错，中爻卦艮，艮为城，中爻卦兑为隍，故说"城隍"。泰为寅时，大壮为卯时，泰与大壮相顺。坤为方、为田，故诗云"城隍应卯一方田"。乾为阳，坤为柔，乾阳在下，坤柔在上，为泰卦之体，下对于上为承，故诗曰："积阳承柔方保泰。"泰卦亨通吉祥，故诗云："福祉和亲万世缘。"总之，《感应诗》中的"易象"与"意象"之关系皆如此。凡要读懂此"感应诗"之诸君子，务必以此之逻辑去感悟，方可获得广阔的天地，无穷的想象空间。

按作者自己的话说："我的《感应诗》不是说《易》，更不是解《易》，只是读后感悟而已。"所以，不受格律的约束，而重对易象的感悟，重在诗的想象和浪漫，重在灵感的驰骋。不拘一格，不但押平声韵，也有押仄声韵的，甚至有出韵者。我要借此机会特别强调，中华诗词是人类诗词的最高艺术成就，《周易》是它的美学基础：一方面，《周易》的卦爻辞是有韵的，它本身是古歌古诗，如："西南得朋，乃与类行（音 hāng）；东北丧朋，乃终有庆（音 qiāng）。"（《坤卦·彖传》）"我仇有疾，终无尤（音 yí）也。"（《鼎卦·九二爻辞》）"井泥不食，下（音 hǔ）也；旧井无禽，时舍（音 shǔ）也。"（《井卦·初六爻辞》）。再如："鸣鹤在阴，其子和之，我有好爵，吾与尔靡（音 mō）之。"（《中孚·九二爻辞》）"枯杨生稊（音 tí），老夫得其女妻；枯杨生华（音 fū），老妇得士夫。"（《大过卦·九二、九五爻辞》）等等。另一方面，它是《周易》美学思维的体现：第一，《周易》天人合一的哲学思想，不是把人与自然对立起来，而是讲天人相亲、天人同一、物我混然，消除天人之间的绝对界限。所以诗词中的"物即我，我即物，物化于我心，我心化于物"，从而到达"物我平等，物物和谐，物各自然"[①] 的艺术境界，这正是"天人合一"思想在审美意识中的表现。第二，律诗中的平仄对仗是《周易》"阴阳对应、互补"的哲学思想的艺术表现。"阴阳互补"是讲在阴阳的对立中求得统一、协调与和谐。如果我们把"平"定义为"阳"，把"仄"定义为"阴"的话，那么平仄的对立、对应，达到音调的互补与和谐，正是阴阳互补的哲学思

① 李怡：《中国现代新诗与中国古典诗歌传统》，重庆：西南师范大学出版社 1994 年版，第 46 页。

维模式。《周易》中的相错卦之间的对应与和谐，就是最好的说明。《周易》中阴阳一一对应的爻位都是吉、元吉、大吉的；表现在诗词中，就是平仄对仗的和谐的诗美。如革卦(䷰)，它的错卦是蒙卦（䷃），它们两卦相应位置的爻都是阴阳对应的，革卦的初为阳，蒙卦的初为阴，其他的二、三、四、五、上，都一样是对应的，与律诗中的平仄对应关系是完全一样的。再如既济卦（䷾），既济卦上下两经卦相同位置的爻也都是阴阳对应的，初与四，二与五、三与上，均为对应。宇宙中的阴阳构成宇宙的和谐，律诗的阴（仄）阳（平）对应，构成诗词的和谐之美。可见律诗中的平仄、对仗、中正，包含极为丰富的民族文化内涵。第三，《周易》的义理是“寓于象数之中”，使得格律诗词“鄙视正言直述和情感的直接外露，而是注意托物寓情、借景抒情”①，由此而创造的回味无穷的“意境”，律诗中“托物寓情、借景抒情”，情寓象（意象）中，情寓境（意境）中，不就是“义寓象中”吗？由此可见《感应诗》体现了《周易》的美学特征，是值得赞扬的。

继2014年中国文化出版社出版的《孔子诗传书法帖》之后，又一集诗与书法于一体的《周易纵横感应诗》问世。二书诗书合璧，神采为上，书中有诗，体现了当代书法家追求的最高艺术境界。柏青的书法也有相当的功底，除自己书写外，还邀请众多书法家书写，体现了自利利他的如来情怀。为柏青在古稀之年，不断为弘扬中华文化、树立文化自信做贡献所感，应他的请求，写以上文字，为推广、宣传他的大作做一点自己的努力。《易》曰：“仁者见之为之仁，智者见之为之智。”敬请各位方家指正。

① 王成儒：《智慧之光——儒学思维艺术》，成都：四川人民出版社1995年版，第183页。

老学与传播学碰撞的饕餮盛宴

——读《大道上的老子:〈道德经〉与大众传播学》有感

徐 莹*

《老子》又名《道德经》,在先秦诸子思想体系中,代表的是道家学说的思想体系。从古至今,从国内到国外有无数睿智之士和专家学者致力于对《老子》的解读,解读方向涵盖哲学、心理学、管理学、政治学、宗教学、传播学等各个领域,已然成为一门学问——老学。正如《老子》中“道生一、一生二、二生三、三生万物”及“天下万物生于有,有生于无”所示:《老子》上下五千言,那恍兮惚兮、似有还无的道,似乎每个学科都可以从这种“无”中找到所需的“有”。而作为舶来品的传播学,想要在中国克服水土不服,进而扎根生长,枝繁叶茂,从被西方和本土共同认可的经典《老子》中吸取养分,可生发出更贴合中国国情、更好的服务社会主义实践的传播思想,同时正因为《老子》与西方学术在传播学上的对话可帮助《老子》更好地外传。正如厦门大学新闻传播学院教授、博士生导师谢清果的新书——《大道上的老子:〈道德经〉与大众传播学》中所强调的:“积极阐扬华夏文明的传播智慧,立足中国,放眼世界,以他者为境鉴,建构华夏文明传播的思想体系,提供可以与西方传播理论对话的中国文本。”① “注重传播华夏文明,从多个维度研究中华传统文化,以增强民族文化自信与自觉,使华夏文明能够薪火相传。”②

目前国内将《老子》和传播学结合研究虽已有相当成果,不过这些研究大都是集中于从传播五要素视角研究《老子》,比如暨南大学蔡铭泽的《老子传播思想探析》从“道”是传播发生的根本动因,“德”是对传播内容真实基本准则要求,“无为”是体现信息过滤的传播方法等方面研究《老子》与传播学的关系。再如中国传媒大学刁生虎的《老子思想的传播学

* 徐莹,厦门大学新闻传播学院2016级硕士研究生。

① 谢清果编著:《大道上的老子〈道德经〉与大众传播学》,北京:九州出版社2016年版,第7页。

② 同上。

解读》从必须做到“慈”“俭”而“不敢为天下先”的传播主体，“反道之动，弱者道之用”的传播内容，“莫之令而自均”的受众，“名可名，非常名”的传播媒介以及达到“太上”之境和“上士”之行的传播效果五方面将传播五要素与《老子》结合。这种线性结构的单视角研究并不能全面地解释《老子》中蕴涵的传播观，缺乏系统深度的整理归纳。谢教授在2010年出版的《和老子学传播：老子的沟通智慧》一书基础上，又带领团队推出了新著——《大道上的老子：〈道德经〉与大众传播学》，该书多视角较为全面系统地解读了《老子》中的大众传播观，一定程度上弥补了这一领域研究的缺陷。书中的解读紧紧联系中国实际，对服务社会稳定、引导个人生活是有利有益且有必要的。现选其要者，从以下几方面阐述其内容与特色。

一、国家层面：“慈”“俭”“不敢为天下先”的政治理念

本书作者从政治传播的目标、秩序、技巧三方面对老子主要的政治传播观进行了概述。首先，本书作者提到“政治传播目标可分为宏观的政治目标和微观的政治目标”[①]。随后总结为“甘其食、美其服、乐其俗、安其居”的宏观目标和“道法自然”的微观目标。政治传播应为政治理想服务。本书作者指出：“老子希望实现国家安定、百姓幸福的政治愿望，而‘道’是唯一能够实现这种愿望的途径。”[②] 可见，二者是相辅相成的。其次，在传播秩序上，老子强调一种“无为”和“自然”的传授关系。提醒我们在新时期的宣传工作立足点应从“以我为主”向“以人为本”转变，要贴近群众、贴近生活、贴近实际。最后，在传播技巧上，老子特别强调“物或损之而益，或益之而损”，提出政治传播要讲求“度”，讲究分寸。政治传播应讲究说服的策略和技巧，完美应用“两面理”，适当应用“典型树立”，尽量避免逆反心理的产生。总体来说，《老子》中体现的政治传播思想对于当代的国家政治传播实践有着重要的启发和指导作用。政治传播学起源于西方，而西方与我国政治体制和政治传统均存在差异，西方的政治学传播范式不一定适应中国实际，而将中国传统思想《老子》与政治传播学进行融合碰撞，对于建立我国政治传播学范式，服务于社会主义国家政治传播实践，提供了一定的参考价值。

二、社会层面：“无为而无不为”的社会舆论危机管理理念

社会稳定有序，则国家安定和谐，人民生活幸福。社会秩序的稳定有序，离不开正面舆论的引导，离不开舆论危机的及时化解。在当代新媒体环境下的，受众角色的转变，传播内

---

① 谢清果编著：《大道上的老子〈道德经〉与大众传播学》，北京：九州出版社 2016 年版，第 258 页。

② 同上。

容制作的去中心化等情况决定了舆论控制引导的难度加大。这就需要我们去探索新的有效的可以引导正面舆论和化解舆论危机的理论机制，从我国世代传承的传统文化经典——《老子》中吸取古圣贤的舆论思想去服务社会当是极好的，如对舆论监督主体的“上善若水”的品格要求，对舆论监督客体的“止于至善”的角色期待，对舆论危机的“祸兮福之所倚，福兮祸之所伏”的危机意识，“图难于其易，为大于其细”的危机准备，“柔弱胜刚强”的危机应对及“慎终如始，知止不殆”的危机修复的处理建议。正如本书中提到的：“老子将道、上善与水联系起来，其实正是源于中国哲学思想之源，水孕育了生命与文化，以善喻水，以水体道，水是中国古代哲学中的至高境界。”① 我们通过将《老子》思想精华和社会舆论引导及舆论危机化解的结合，从而促进社会舆论监督良性发展，促进社会在正面舆论激励和舆论监督下的有序发展。

三、个人层面：“上善若水，水善利万物而不争”的表达理念

随着网络、数字化技术的发展，个人在社会中的存在感越来越强，个人对社会的影响可以通过网络的舆论引导而无限放大。个人拥有了前所未有的意见表达和媒介接近的权利。但，权利与责任是相伴而生的。个人在利用网络媒介进行意见表达，形成舆论影响的时候，伴随要求的是舆论的真实性和理性责任。不过，个人如何保证自己的网络表达行为可以控制在责任要求的范围之内呢？《老子》思想给出了相应的答案：“上善若水”，长存善念的公开意见表达；“柔弱胜刚强”，逻辑严谨、理性不偏激的意见表达的内容；“虚静徐清”，面对负面舆论的沉静身心，不随波逐流的冷静分析。作为社会人的个人，时刻处在各种社会关系之中，扮演着各种不同的社会期待角色。如果面对每一个社会角色都要去考虑一下怎样表达才能得到相关群体的认可，那这样的生活会显得做作和无奈。其实，当你接触了《老子》，当你从传播表达方面解读了《老子》，当你真正明白了“上善若水”“柔弱胜刚强”“虚静徐清”中的传播思想，并将它应用到学习、生活、工作、社会交往当中去，你会得到意想不到的轻松惬意和自我肯定。

综上所述，从国家、社会、个人三个层面的分析让我们看到了从传播学角度解读《老子》的必要性和有效性。正如上文所分析的，现今学界对《老子》传播学的解读大多数是从传播学五要素线性结构的单视角研究，并不能全面地解释《老子》中蕴涵的传播观。《大道上的老子：〈道德经〉与大众传播学》一书从传播学角度出发，结合中国国情，从文本传播、文化传播的大众路线、符号学和修辞学价值、说服学价值、宣传学价值、舆论学价值等多个方面进行梳理、扬弃和总结，在相关研究的基础上，提出了很多创新观点，丰富了《老子》传播学研究的内涵，且对《老子》从多视角的传播学创新性解读，让人读之有趣、读之有

① 谢清果编著：《大道上的老子〈道德经〉与大众传播学》，北京：九州出版社 2016 年版，第 233 页。

质、读之有思、读之有得。笔者觉得此书有以下几方面的特点：

第一，多角度、多视角、多维度解读。将古老的传播思想与现代的传播学理论相结合，从传播学多维角度出发，发掘中国传统文化中的传播理论财富，从而更好地发展符合中国国情及中国思维的传播学理论。本书不仅从《老子》研究成果最多的传播五要素方面进行了内容研究整合，且侧重从“5W”模式下的《老子》传播致效进行考察，丰富和完善了《老子》传播五要素角度的研究成果。同时，本书还从传播仪式观视域下的《老子》传播、老子的大众传播效果影响要素考察、老子“道”文化传播的大众路线、老子思想的符号学、修辞学、说服学、宣传学、舆论学等角度出发多维分析了《老子》中的传播学思想。本书不仅关注对《老子》传播思想从我国国情方向的解读，还关注了老子思想在西方传播的状况和特征分析。而本书提出西方传播的实用性特征让笔者不禁想到了美国从事高能物理研究的卡波勒博士所说的话：“中国的哲学思想提供了能够适应现代物理学理论的一个哲学框架，中国的哲学思想的‘道’暗示着‘场’的概念，‘气’的概念与量子‘场’的概念也有惊人的类似。”而同样，当代世界级华裔美籍建筑师贝聿铭说：“我时常读《老子》，我相信他的著作对我的建筑想法的影响可能远胜于其他事物。”这正是对“实用性特征”准确性的最好的证明。可以说，此书对《老子》传播学思想的研究做到了宏观的广视角和微观的多视角结合，科学系统地进行了阐释和总结。

第二，有论点、有论据、有条理解读。本书对《老子》中大众传播思想的解读是通过先摆出明确的论点，再通过“以老解老”及结合实例的方式提供有力却易于读者理解和接受的论据，让读者在不自觉间豁然开朗。如“我独异于人，而贵食母”的传播者权威性形象论证，“信言不美、美言不信”的传播内容真实性要求论证，“轻则失根、躁则失君”的重视受众的必要性论证，“大成若缺”的传播“度”的把握重要性论证，“少则得”的宣传信息简洁明了的需求性论证等等，正是“以老解老”的最佳论证。再如在传播仪式中提出重视“权威”角色的作用的时候，以我国古代“竹林七贤”和“兰亭名士”引导的社会风尚为例；在“不笑不足以为道：探寻贴近大众的文化传播路线”一章中，以《百家讲坛》将文化以通俗易懂的传播形式展示给大众取得的成功为例；在论《老子》视觉修辞手法对广告传播的借鉴意义时，以娃哈哈“甜甜的，酸酸的，有营养，味道好。妈妈，我要喝，娃哈哈果奶”的成功广告文案为例。这种有论点、有论据且有条理的惬意解读，当为广大读者所接受和喜爱。

第三，有广度、有涵度、有效度解读。集众家之所长，合著者之理念，得创新之解读。此书资料翔实，作者在此书中旁征博引了很多西方学者的传播思想，在中外对比中对《老子》传播思想进行了深刻解读。如通过李约瑟的考证及拉扎斯菲尔德的两级传播理论，证明了老子思想西方传播的宗教性；通过拉斯韦尔的“5W 模式”分析了《老子》的传播致效问题；通过凯瑞的仪式传播理论对《老子》传播进行了解读等，均证明了其解读的广度性。且作者在解读过程中，对于国内其他研究成果也是站在较客观理性的高度对各家研究进行了含摄和创新提升，如对魏超的《老庄传播思想散论》等论著进行了梳理和肯定，充分体现了其学术涵养。该书充溢着时代感，这是因为作者的理论研究均是站在解决现实社会问题的角度进行的，有着“文章合为时而著”的追求，如破解当代宣传困境，新媒体时代宣传工作如何进行，新媒体环境下政府危机公关的解决策略，政治传播及战略传播技巧等。对《老子》传播思想的解读更具有实践性和可操作性，甚至可以说，读者无论是何身份，读完此书，在生活、在工作抑或在情感处理方面均应有所收益。

“传播有道，道在传播。”[①] 那恍兮惚兮、似有还无的道，在与传播学碰撞中，将有百花争艳，可有无限期待，似有无穷可能。谢清果教授编著的《大道上的老子：〈道德经〉与大众传播学》则是这种碰撞产生的绚烂烟火。对于读者来说，将不啻为可满足其对《老子》传播思想认知、理解、汲取需求的一场饕餮盛宴。

① 谢清果编著：《大道上的老子〈道德经〉与大众传播学》，北京：九州出版社 2016 年版，第 7 页。

集百年道学之精华，成文化传承之伟业

——《百年道学精华集成》述评

范佩佩*

随着时代的发展，文化交流不断拓展和深入，道学越来越受到海内外学术界的重视。近百年来，有关道学研究的论文犹如雨后春笋般层出不穷。然而，由于发表的刊物众多，分布极广，内容繁多，即使是专业人士想要真正了解道学研究的实际状况也并不容易，更遑论广大爱好者和初学者。值得庆幸的是，由四川大学老子研究院院长詹石窗教授任总主编的大型丛书《百年道学精华集成》近期已由上海科学技术文献出版社、上海图书馆出版发行。它的问世，可谓是应势而出。《百年道学精华集成》以“创新性、学术性、普适性和实用性”为衡量标准，以“把握全局、抓住重点、突显特色、制作精品”为编纂方针，以文献学的分类方法进行系统整理，把以往分散的道家和道教文化研究成果编纂汇集，是迄今为止唯一的关于近现代道学学术研究的百科全书式的文献汇编。可谓是集海内外百余年道学学术研究精华之大成，成就中华优秀传统文化传承之伟业。

作为国家社会科学基金特别委托重大项目、教育部哲学社会科学研究重大课题攻关项目、国家“985工程”四川大学哲学宗教与社会研究创新基地重大项目、国家教育部人文社会科学重点研究基地四川大学道教与宗教文化研究所重大项目以及中国福清石竹山道院文化建设重大项目、厦门大学道学与传统文化研究中心重大项目，《百年道学精华集成》的价值是多方面的，它不仅是道学研究成果的历史性总结，而且还是帮助人们挖掘道学精华的工具。它的出版发行，有助于民生日用，有助于个人人格自我完善，有助于海峡两岸乃至海外华人社会的文化传承，有助于提升中华民族文化软实力、推动国际文化交流。正如该丛书总

* 范佩佩，四川大学道教与宗教文化研究所2017级硕士研究生，研究方向为道教历史与文化。

主编詹石窗先生所言，“整理这批文献，是一项具有重大学术价值和社会意义的工作”①。

一、百年薪传　道文荟萃

《百年道学精华集成》分为十辑，每辑卷数不一，以专题的形式，展示了自20世纪初到21世纪初约一百年以来，道学研究的最重要成果和文化旅程。第一辑为《历史脉络》，共六卷，选编的是论述道家与道教发展历史的文章。第二辑为《神仙信仰》，共六卷，选编的是论述道家与道教有关神仙理念、神明谱系的文章。第三辑为《人物门派》，共三卷，选编的是论述道家与道教人物的文章。第四辑为《大道修真》，共八卷，选编的是论述道家与道教在传统医学养生理论与实践的文章。第五辑为《思想大要》，共五卷，选编的是论述道家与道教基本思想的文章。第六辑为《经籍考古》，共四卷，选编的是论述道家与道教经典以及考古资料的文章。第七辑为《道门科技》，共四卷，选编的是论述道家与道教的科学技术成就方面的文章。第八辑为《礼仪法术》，共四卷，选编的是论述道家与道教关于仪式典礼、生活仪轨以及法术方面的文章。第九辑为《文艺审美》，共六卷，选编的是论述道家与道教在文学艺术方面的文章。第十辑为《道学旁通》，共四卷，选编的是论述道学与中国文化各个层面相互关系的文章。由于每辑选编的文章主题各异，内容各有侧重，各分辑的编排也各有特色，也展现了分辑主编不同的学术风格。

自古以来，读书有二苦，一是苦于读书不知要领，劳而无功；二是苦于文章繁杂无端，事倍功半。《百年道学精华集成》在浩瀚的道学文海中，精选文萃，复以编纂，作为一部大型道学文献库，可谓极大地方便了读者。另外，随着历史的发展，道学研究也不断积累着新的成果，如果不对这些成果及时整理、保存、总结，我们无法确切了解过去的研究状况，也就无法更好地推进道学研究。《百年道学精华集成》选编了百年以来道学研究的重要成果，除了学界刊物，还选编了道教界的一些“内部刊物”文章，以补学界刊物之缺漏。从横向来看，我们可以从各个侧面来了解道学研究的发展状况；从纵向来看，我们可以从不同年代不同学者的研究视角窥见其研究思想的流变。它是对百年以来道学成果的整理，更是对百年以来道学成果的传承！所谓“指穷于为薪，火传也，不知其尽也”②，正是有这样一批对前人道学研究成果的整理者与传承者，后学才得以在这一领域不断深入与拓展。

二、分类科学　条理秩然

关于文献整理工作的任务和目的，张舜徽先生曾指出，是“在能从丛杂的资料中，去粗

---

① 詹石窗：《百年道学精华集成·前言》，上海：上海科学技术文献出版社2018年版，第11页。

② （晋）郭象注，（唐）成玄英疏，曹础基，黄兰发点校：《庄子注疏》，北京：中华书局2011年版，第70页。

取精，去伪存真，将内容相近的合拢来，不同的拆出去，经过甄别审断、整理纂集的过程，写定为简约可守的新编。让人们在研究中国古代文化方面，能够节省时间、精力，较有条理有系统地了解过去”①。作为文献汇编，《百年道学精华集成》在选编相关论文时，也是根据各论文研究内容、研究对象、研究方法进行筛选、整理、归类；而各类别的分合，又是根据其研究状况及其成果的实际情况来处理的。

《百年道学精华集成》根据相关问题的研究情况进行合并、拆分，改变了以往粗略的分类方法，将所选编的文章分为十个大类，且大类之下，又有细分。例如《历史脉络》与《人物门派》本都属于与道学发展史相关的研究课题，若是合并在一起，共有九卷，过于庞杂，又二者实属各有侧重，《历史脉络》选编的文章侧重于发展线索的贯通，而《人物门派》选入的文章之研究对象则比较具体，属于个案研究，故拆分为两个大类。又比如，以往存思、导引、服食、养生等研究内容往往被归入方术类，但随着时代的发展和研究的深入，道学中有关养生的心理调适功能也越来越为研究者所重视，其成果也累积愈多，《大道修真》将这些有关道家与道教在养生思想、养生技术等方面的文章整合在一起，从纵向上展现了这些文章的时代性，也有利于读者更好地把握相关研究动态。再比如，《大道修真》与《神仙信仰》虽各属不同类别，但二者也不是毫无联系，如果说《大道修真》体现了道家与道教关注生命的基本精神，那么《神仙信仰》则为道家与道教树立的生命理想目标和延年益寿的榜样，故而《神仙信仰》在先，《大道修真》随后。可以说《百年道学精华集成》从第一辑到第十辑都是遵循其内在逻辑进行排序，而非随意为之。每一辑之下又会根据选编论文的性质再加以细分，各归其类，条理秩然，在读者选读相关研究的论文时，可以起到事半功倍的效果。

当然，作为一部大型道学文献汇编，《百年道学精华集成》也存在一些有待完善之处，例如对每一子类的文献汇编还缺乏前言提要以提纲挈领。然瑕不掩瑜，该部丛书作为道学研究的资料库，既有助于学者进行相关领域的研究，又适合普通大众尤其是道家道教文化爱好者阅读，具有极高的使用价值与收藏价值。

① 张舜徽：《中国文献学》，上海：上海古籍出版社2016年版，第263页。

《老子学刊》稿约

《老子学刊》是由四川大学老子研究院主办的综合性学术刊物，本刊坚持马列主义指导原则，以发掘道家道教思想和传统国学智慧为特色，以传承优秀文化、启迪创新思维、提高健康水平、服务现代生活为宗旨，注重学术性、科学性和知识性相统一，力求雅俗共赏。

本刊主要内容有：特稿、名家专论、老庄之道、易学新论、道家道教研究（包括道家道教史以及道家道教哲学、医学、科技、艺术、文学、法术、科仪、戒律等思想研究）、三教关系研究、国学论衡、修真养性、探索争鸣、研究生论坛、动态综述等。

本刊海内外公开发行，凡是有关老子、道家道教以及中国传统文化等方面的研究成果，均欢迎赐稿，一经刊用，稿费从优。本刊所刊用文章均为作者之研究成果，文责自负，不代表编辑部观点。

来稿请寄送纸本打印稿，并提供电子 Word 文本。同时，请另附作者的联系地址、邮编、电话以及电子信箱等信息，以方便编辑部与您联系。

本刊编辑部的联系地址及主要联系人：

联系地址：四川省成都市望江路 29 号四川大学道教与宗教文化研究所

四川大学老子研究院（或者《老子学刊》编辑部）　　收

邮政编码：610064

联系人：于国庆、余晓红

编辑部电子邮箱：lzxk2009@126.com

来稿规范说明

Ⅰ. 来稿应包括论文题目（中英文）、内容提要（中英文，200 字左右）、关键词（中英文，3－5 个）、作者简介（中英文）、正文等内容，字数一般控制在 7000—12000 字。

Ⅱ. 引文出处或者说明性的注释，请采用脚注，置于每页下，具体格式为：

（1）文中格式：以括号①、②……为系列标记，文中设序号：×××①

（2）脚注格式：文末序号须与文中序号相对应。具体规范如下：

1. 凡引用专著，须注明：作者、书名、出版地、出版社、出版年、页码。例如：

①詹石窗：《新编中国哲学史》，北京：中国书店 2002 年版，第 25 页。

2. 如果引用《道藏》、《四库全书》等大丛书，必须首先注明所引的书名或者篇名，然后注明丛书的册数与页码。

例如：

①《玄肤论·金液玉液论》，《藏外道书》第 5 册，第 363 页。

如果在行文中已经出现书名、篇名，在脚注中可以省略篇名，直接注明丛书名与册书及页码即可。

例如：

①《道藏》第 5 册，第 666 页。

3. 如果引用杂志论文或论文集论文，须注明：作者、篇名、期刊（论文集）名，期刊序号（出版地、出版社、出版年）、页码。

例如：

① 詹石窗：《关于道教思想史的若干思考》，《哲学动态》2009 年第 2 期，第 9 页。

② 圆顿子：《论〈四库提要〉不识道家学术之全体》，张广保：《超越心性：20 世纪中国道教文化学术论集》，北京：中国广播电视出版社 1999 年版，第 342 页。

4. 如果引用译著，须注明：国籍、作者、书名、译者、出版地、出版社、出版年、页码。

例如：

①（德）马克斯·韦伯：《儒教与道教》，王容芬译，北京：商务印书馆 2004 年版，第 133 页。

5. 如果引用期刊文章，须注明：作者、篇名、报纸名、出版日期（版次）。

例如：

① 吴文俊：《东方数学的使命》，《光明日报》2003－12－12（B1 版）。

6. 如果引用外文文献，须注明：作者、书名、出版地、出版社、出版年、页码。

例如：

① Chiu，Millton M. *The Tao of Chinese Religion*，New York：University Press of America，1984，P17.